Monika Müller
Matthias Schnegg

Unwiederbringlich –
Vom Sinn der Trauer

Hilfen bei Verlust und Tod

Herder
Freiburg · Basel · Wien

Alle Rechte vorbehalten – Printed in Germany
© Verlag Herder Freiburg im Breisgau 1997
Satz: Fotosetzerei G. Scheydecker, Freiburg im Breisgau
Herstellung: Freiburger Graphische Betriebe 1997
Gedruckt auf umweltfreundlichem, chlorfrei gebleichtem Papier
ISBN 3-451-26398-X

Inhalt

Vorwort 9

I TRAUER ALS TEIL JEDEN LEBENS 11
   Trauer auf dem Weg 11
   Trauer als Umbruch des Lebens 11
   Die „ganz normale Trauer" und die
   „erschwerte" Trauer 12
   Trauer auslösen statt *auflösen* 16
   Vom Wesen des Trostes 19
   Trauer als persönlicher Reifungsprozeß 20
   Trauer ist ein Prozeß 20
   Trauer als Entdeckung anderer Lebens-
   wirklichkeiten 22
   Verschiedene Ebenen der Trauer 26
      Die Trauer um den anderen und das Ideal
      von ihm 26
      Die Trauer um sich selbst 27
      Trauer(vermeidung) als gesellschaftliches
      Phänomen 29
      Trauer als fundamentale spirituelle und
      religiöse Krise 32

II TRAUER ERLEBEN – VOM GANZ
    NORMALEN CHAOS DER TRAUER 34
    Das ganz normale Chaos der Trauer 34
    Abschied von der Normalität 35

Isolation und Verlust von Freunden 37
Selbstgewählte Isolation 39
Besetzung durch die Trauer 42
Scham und Schuld 45
Wut, Ohnmacht und Idealisierung 49
Der Wunsch nachzusterben 53
Umwandlung des Lebens 56

III BEWÄLTIGUNGSSTRATEGIEN FÜR
TRAUERNDE 60
Unwiederbringlich – Von der Aufgabe, den
Verlust als Realität zu sehen 61
Verleugnen als Schonraum der Seele 63
Das Schreckliche be-greifen 67
Was ich gerne noch gesagt hätte 71
Die Grabrede – Das Grab 75
Rituale als Hilfestellung 82
    Nach Eintritt des Todes 82
    Trauerkleidung 85
    Traueranzeigen 86
    Kondolenzbesuch 87
    Kondolenzschreiben 88
    Sechswochenamt 88
Schuldig bleiben 89
Ist denn das normal? – Von der Aufgabe,
den Trauerschmerz zu erfahren 93
Seine ureigene Trauer leben 95
Wie oft willst du das noch erzählen! – Was gut
tut und was nicht gut tut 99
Religion – eine Hilfe in der Trauer? 101
„Das Leben ist durch und durch anders" –
Von der Aufgabe, sich an eine Welt anzupassen,
in der der verlorene Mensch fehlt 105
Wo finde ich ihn? – Vom Aufsuchen gemein-
samer Orte 106

Wie hätte sie es gemacht? – Der verstorbene
Mensch als innerer Begleiter und Ratgeber . . . 110
Glorifizierung und Bewertung
(Zurecht-rücken) 113
Die „mehrgleisige" Trauer 116
Was hat der Verstorbene in meinem Leben
übernommen, was ich selber übernehmen
kann? 118
Und immer wieder holt der Schmerz
mich ein 121
Es wird alles wieder gut, aber nie wieder wie
vorher – Von der Aufgabe, sich vom verlorenen
Menschen abzulösen und einen neuen Weltbezug
herzustellen 124
Treuebruch? 125
Chronischer Schmerz 129
Meinen wir den Gleichen? – Von der Ver-
schiedensichtlichkeit und der Ungleichzeitig-
keit der Trauer 132
Was bleibt und nicht mit dem Verstorbenen
geht 136
Abschiedsgeschenke 139

IV BEGLEITUNG VON TRAUERNDEN
MENSCHEN 144
„Ich weiß nicht, was ich Tröstendes sagen soll" –
Was Nachbarn, Familie, Freunde tun können . . . 145
Trösten heißt, ein Bündnis eingehen – Trauer-
begleitung im Auftrag einer Institution 152
Offene Aufträge und geheime Ziele 154
Kurzzeitbegleitung 155
Der Mythos vom guten Trauerbegleiter –
Selbstloses Helfen? 161
Beweggründe 163
Haltung vor Technik 165

Begegnung mit der eigenen Trauer 166
Neutralität 169
Seelische Gesundheit und Ausrichtung 169
Was die Hospizbewegung in der Begleitung
Trauernder leisten kann 172
Hospize als Anlaufstellen 173
Trauerbegleitungen 173
Nachgehende Trauerbegleitung 175
Beispiel einer angeleiteten Trauergruppe . . . 176
Wünsche von Trauernden an Seelsorgende . . . 179

Glossar 185

Literaturhinweise 187

Adressen 188

Vorwort

Bei unseren Ausführungen geht es nicht um die Vermittlung theoretischen Wissens und die Diskussion von Trauerkonzepten. Die jeweiligen Kapitel sind gefüllt mit Erfahrungen, vor allem den Erfahrungen aus unseren Begegnungen mit unmittelbar Betroffenen und mit der Begleitung von trauernden Menschen.

Gleichzeitig war uns wichtig, diese Erfahrungen nicht nur für sich sprechen zu lassen, sondern sie unter übergeordneten Gesichtspunkten zusammenzufassen. Dies soll dem Leser eine Ordnung an die Hand geben, die zum Verstehen von Trauer, ihrem Wesen, ihrem Ablauf, ihren möglichen Komplikationen und ihrem Wert für das Leben führt. An eine endgültige Verarbeitung von Trauer im Sinne einer Erledigung eines schweren Geschäftes glauben wir nicht, wohl aber an die Möglichkeit und Fähigkeit von trauernden Menschen und ihren Begleitern, einen Umgang mit ihr zu finden, der seelisches Gleichgewicht, Lebensqualität und -perspektive, vertieftes Verständnis für sich und andere und Sinnfindung zeigt. Wenn wir trotzdem im Inhaltsverzeichnis und den Überschriften von Bewältigung sprechen, so um in der Ausführung darzulegen, welche Mißverständnisse dieser vom Leser möglicherweise erwartete Begriff birgt und welches Neuverständnis wir anbieten.

Als Adressaten dieses Buches hatten wir verschiedene Menschen im Blick: Zuerst einmal diejenigen, die am meisten leiden, die Trauernden selbst. Sie mögen sich wiedererkennen in den Schilderungen, erleben, daß sie nicht alleine auf der Welt diesen Schmerz kennen und Mut fassen, bestimmte Umgangsmöglichkeiten für sich anzudenken, vielleicht auch auszuprobieren.

Außerdem sind auch Angehörige, Freunde, Kollegen und andere Begleiter angesprochen, die unter ihrem mangelnden Zugang zum Thema Trauer, ihren Hemmungen und ihrer Hilflosigkeit leiden.

Professionellen Begleitern soll Einsicht vermittelt werden in Formen unterstützender Haltung, in Vermeiden von Fehlhaltungen und zu hohen Ansprüchen. Ihnen kann das Buch Wege der Eigenkreativität eröffnen, unerschrocken auf Trauernde zu- und mit ihnen umzugehen.

Nicht zuletzt soll bei Institutionen und Diensten die Neugierde und Bereitschaft geweckt werden, die im letzten Punkt beschriebenen Modelle auf ihre Übernahme oder Abwandlung zu überprüfen.

I
Trauer als Teil jeden Lebens

Trauer auf dem Weg

Trauer als Umbruch des Lebens

Trauer gibt es in jedem Menschenleben. Viele erschrecken davor, viele fühlen sich in ihr gefangen, viele versuchen sie abzuschütteln, viele wollen sie verleugnen, einigen gelingt es, sie ohne größere erkennbare Schäden wegzudrücken, nicht wenige haben gelernt, mit ihr umzugehen.

Trauer kommt in jedes Leben. Sie ist keine Frage des Alters, keine Frage des Wohlstandes, keine Frage des Geschlechtes, keine Frage der Bildung, keine Frage von Rasse und Religion; sie kommt in jedes Leben.

Gesellschaftlich am ehesten anerkannt ist sie – wenigstens für eine gewisse Zeit –, wenn ein Mensch gestorben ist. Aber nicht nur der Tod löst Trauer aus. Trauer ist die Patin jeden Abschiedes. Sie ist da und läßt – obwohl doch Patin! – den/die Betroffene/n oft so unsäglich hilflos stehen. Im Zustand der Trauer greifen so viele Schutzmechanismen nicht mehr, kann die Flut vieler gescheiter Worte sie nicht lösen, hilft das Berichten anderer auch nur begrenzt, scheinen Sicherheiten wie Geld und Gott kaum Halt zu geben. Wenn in trauerlosen Tagen die Alltagsanforderungen, die Kräfte des Verstandes, die Fertigkeiten praktischer Lebenskunst, ja selbst so großartige Gaben wie Kreativität und Lebenslust dem Leben Schwung und Leichtigkeit wie von selbst zu geben vermögen, verlieren in Zeiten der

Trauer all diese Möglichkeiten an selbstverständlicher Stütz-kraft. Trauernde fühlen sich unentrinnbar eingesperrt, sind hilflos, weil mache Kontrollmechanismen zum Schutz der Seele und zur Aufrechterhaltung der Alltagstauglichkeit nicht mehr greifen. Es gibt Momente, da können keine An-strengung, kein Willenszwang der Trauer etwas entgegen-setzen. Trauernde fühlen sich ausgeliefert und spüren die Angst vor dem Alleinsein in diesem Erleben – und gleich-zeitig die Bedrohlichkeit der Nähe von Menschen, die die-ser Trauer ihre Macht absprechen wollen.

Die Erfahrung der Trauer bricht in ein Leben ein, bricht manches Alte ab; und wer sich mit der Trauer auf einen Weg gemacht hat, der kann – oft erst nach spätem Rück-blick – sagen, daß sich im Einlassen auf diese Erfahrung neue Lebensmöglichkeiten öffneten.

Es ist vermessen, dem teils bis an den Lebensabgrund führenden Trauerweg die Möglichkeit des neuen Lebens-grundes aufzumalen; unachtsam ist es, im Wissen um mög-liche Lebensreifung die Trauer als zwar schwer, aber letzt-lich aushaltbar harmlos hinzustellen. Es ist aber ebenso unmenschlich, der Trauer absprechen zu wollen, daß in ihr nicht nur Erfahrung des Untergangs, sondern auch des neuen Lebens stecken.

Die „ganz normale" Trauer und die „erschwerte" Trauer

Die Trauer kommt in jedes Leben. Sie ist nicht erst da, wenn ein uns naher Mensch gestorben ist. Sie ist immer dann in uns, wenn wir Verluste ertragen: Kinder, die nicht genügend Antwort auf ihre Sehnsucht nach Liebe und Ge-borgenheit finden, trauern; Jugendliche, die bestimmten Maßstäben der Erwachsenen nicht genügen oder im Trend ihrer Generation nicht mitkommen, trauern; Menschen, die ihre Arbeit verlieren, Menschen, die durch Erreichen der

Altersgrenze ausscheiden, trauern; Kranke, die durch ihre Krankheit bleibend gezeichnet sein werden, die ein Organ verloren haben, die auf Medikamente oder Maschinen dauerhaft angewiesen sind, die auf keine heilende Befreiung aus der Krankheit mehr hoffen dürfen, trauern; Menschen, die mit körperlichen oder seelischen Behinderungen leben müssen, trauern; Frauen und Männer, deren Liebe keine Kraft mehr hat, die über Mißachtungen, Verletzungen, Demütigungen und Selbstverleugnung sich zum gegenseitigen Verlassen entschieden haben, trauern; Leute, deren Lebenswerk und Zukunftspläne, deren Heimat, Ansehen, Hoffnungen – durch welche Gründe auch immer – aufzugeben sind, trauern; Sterbende und ihre Angehörigen trauern längst vor dem Tod, denn der absehbare Abschied, die Ahnung des Verlustes bekommt die Trauer als Patin zugesellt.

Vielfältig ist die Trauer – und es leuchtet ein, daß Trauer ein Teil unseres Lebens ist – wie Lust, wie Freude, wie Enttäuschung, wie Angst. Trauer ist ein sehr starkes Gefühl, weil sie sich nicht einfach „wegmachen" läßt.

Weil nun aber Trauer in jedem Menschenleben vorkommt, ist sie zunächst etwas ganz Normales. Sie ist nicht der Ausnahmefall von Leben, sie ist nicht die Katastrophe, die grundsätzlich ein bösartiges Schicksal hinter sich hat. Die Trauer ist normal, ein Bestandteil und eine Aufgabe des Lebens. Sie ist in ihrer Macht und Gewalt nicht zu unterschätzen, aber die meisten Menschen werden mit dieser ganz normalen Trauer[1] fertig, durchleben sie – nicht selten über mehrere Jahre – und lernen mit ihr neu und auch wieder lustvoll zu leben. Da reicht meist ein geringes Maß an Stütze und Begleitung, um diese Herausforderung sinnerneuernd zu meistern.

---

[1] Nähere Ausführungen im Kap. 2, „Das ganz normale Chaos der Trauer".

Anders verhält es sich mit der erschwerten Trauer. Sie ist mehr als ein mühsamer und quälender Weg durch Verlust und Abschied. Sie ist ein Leiden, das besondere Hilfe braucht und sich diese auch suchen muß. Gesellschaftlich ist es selbstverständlich, daß bei körperlichen Leiden der Arzt, die Ärztin zur Hilfe gerufen werden müssen; ja es ist geradezu ein Makel, wenn Kranke nicht rechtzeitig und beständig genug nach Hilfe rufen. Bei Trauernden, deren Leben und Leiden sie krank gemacht hat, ist das Zögern oft mächtiger.

Die erschwerte Trauer kann im Wesen des Trauernden begründet sein. Manchmal haben Trauernde bis vor den Anlaß ihrer Trauer viel Energie aufgewandt, um Angst am Leben abzuwehren. Durch die Trauer aber lassen sich solche Angstabwehrmechanismen nicht mehr aufrecht erhalten, brechen tiefe Wunden von Liebesentzug, Verlustangst und Lebenszweifel auf. Dann kann im Einzelfall nötig sein, daß professionelle Hilfe gegeben wird: Eine heute über 70 Jahre alte Frau kommt durch das Erleben des Todes eines ihr sehr nahe stehenden Menschen an über 60 Jahre alte Wunden, an nie ausgesprochenen Mißbrauch in Jugendjahren, an zu innerfamiliär verordnetem Totschweigegebot mehrerer Suizidversuche, an antwortloses Liebeswerben um die Zuwendung des Vaters, der außer Depression ihr nichts als sie verbindendes Lebensgefühl hinterlassen konnte.

Bei vielen Trauernden öffnen sich alte, bisher nicht geheilte Lebenswunden. Das Erschrecken darüber sitzt tief, läßt die Trauer noch undurchstehbarer erscheinen, als es bei der normalen Trauer schon der Fall ist. Das Erschrecken wirft neben der Verlusttrauer noch tiefer in das befürchtete schwarze Loch, als da längst abgelegt geglaubte Verletzungen und Ängste und Zweifel wieder wach werden.

Erschwert ist auch eine Trauer, die sich nicht zuläßt. Sie wird Wunde in der Seele bleiben. Und es kostet viel Energie, diese Trauer abzuspalten. Nicht selten ist eine nicht gelebte Trauer Ursache für viel später aufkommende körperliche und/oder seelische Krankheiten. Wer je einen Trauerweg gegangen ist und um dessen riesigen Kräfteverschleiß aus Leib und Seele weiß, der ahnt die Gewalt, die von unterdrückter, abgewehrter und abgespaltener Trauer ausgeht. Schon die Trauer als Mitursache auftretender, vermeintlich unerklärlicher körperlicher und/oder seelischer Krankheit mit in den Blick zu nehmen, kann einen enormen Sprung zur Heilung darstellen. Es ist viel gewonnen, wenn in diesen Zusammenhängen in Diagnose und Therapie die Frage nach Verlusterleben und gelebter Trauer ihren Platz hat.

Erschwert ist auch eine Trauer, die keine Bewegung zulassen will. Es gibt Anteile der Trauer, bei der Trauernde gerne verharren wollten, weil ihnen ihr Verlorener dadurch wenigstens nahe scheint. Als Durchgangsphasen sind derlei Erlebnisse durchaus sinnvoll; wenn sie erstarren, können sie zur Bedrohung des Lebens ausarten.

Wir dürfen und müssen ganz gewiß sein, daß Trauer sich nicht einfach wegschieben läßt. Trauer muß nicht dauerhaft krank machen. Trauer kann sehr wohl ganz neue Lebendigkeit locken und aufspielen helfen; aber nicht zugelassene Trauer ist ganz sicher ein Lebensverhinderer – somit eine erschwerte, problematische Trauer.

Neben abgespaltener oder verdrängter Trauer können die Umstände des Verlustes so gewaltig sein, daß wir von einer erschwerten Trauer sprechen. Hier ist die professionelle Hilfe durch in der Trauerbegleitung erfahrene Therapeuten, Ärzte, Seelsorger unbedingt angezeigt: Trauer nach ungewöhnlichen Trauerereignissen wie z.B. dem Tod von Kindern, Unfalltod, Suizidtod, Gewalttod.

Es wird immer schwer sein, eine klare Trennlinie zwischen normaler und erschwerter Trauer zu ziehen. Es ist „beruhigend" zu wissen, daß vieles in der Trauer geschieht, was „ganz normal" ist, so verrückt es aus dem Blick unserer

Normalität auch erscheint. So viele unnormale Ereignisse sind ein Übergang, verlieren im Prozeß ihre Macht. Generell erschwert ist jede Trauer, in der es keine Bewegung gibt, in der Trauernde wie versteinert bleiben.

Trauer auslösen statt *auf*lösen

Wenn wir uns bereit finden, an der Trauer nicht vorbeizusehen, dann fragen wir bald nach Weg und Ziel: Was soll mit mir, mit meiner Trauer geschehen? Was werde ich gewonnen haben, wenn ich mich dem Drängen der Trauer unterwerfe? Wie werde ich erreichen, was mir am Beginn der Trauer noch wie eine mich verletzende, meine Not nicht ernstnehmende Verherrlichung von „neuen, tiefen Lebensmöglichkeiten" beschrieben wird? Viele spüren sehr bald das Drängende in diesen Fragen, auch den Wunsch nach baldiger Entlastung, nach „Wegmachen" dieses unangenehmen Hindernisses auf dem Weg nach Normalität.

Trauer ist nicht einfach so „wegzumachen"; sie folgt nicht bestimmten Regeln, denen man mit gut ausgeklügelten Rezepten zu Leibe rücken kann. Viele Trauernde haben schmerzlich erlernen müssen, daß es weder ein Rezept aus Büchern noch aus Vorträgen oder Lebensschicksalen anderer gibt. Die Trauer ist bei aller Vergleichbarkeit im Prozeß der Bewältigung doch ein sehr eigenes, für die einzelnen einmaliges Ereignis. Ein helfender Trauerweg ist kein „Wegmachen" von einem unangenehmen Gefühl, um dann möglichst schnell geregelt den Alltag weiterführen zu können, so zu tun, als sei durch den Verlust letztlich nichts Einschneidendes passiert. Trauer läßt sich nicht einer anscheinend im Griff zu haltender Phasenlehre[2] unterordnen, son-

---

[2] Damit ist hier nichts grundsätzlich gegen das wissenschaftliche Bemühen des Verstehens von Trauerabläufen in bekannten Phasenmodellen (z. B. Verena Kast: Trauern. Phasen und Chancen des psychischen Prozesses,

dern ist eine individuelle und gemeinschaftliche, soziale Aufgabe.

Trauerarbeit – und Trauer ist wirklich hoch konzentrierte Arbeit – ist neben dem Hauptbetroffenen auch von seinem sozialen Umfeld zu leisten, von den Familien, dem Freundeskreis, an der Arbeitsstelle, in den Schulen, in Kindergärten. Wie wir in weiteren Ausführungen dieses Buches noch erfahren werden, kommt die Trauer ganz verschieden an, wird sie selbst in allernächster Nähe zum Trauerfall unterschiedlich gelebt.

Unsere von der Machbarkeit aller Dinge überzeugte Gesellschaft scheut die Begegnung mit der eigenen Sterblichkeit, mit Verlusten und Grenzen. Daher tut sie sich schwer, unvoreingenommen die Trauer mit aufzunehmen, wo sie angezeigt ist.

Um der Trauer gerecht zu werden, ist es z. B. wichtig, daß nach dem Tod einer Mutter im Kindergarten des betroffenen Kindes mit den Kindern, mit den Eltern der anderen Kinder darüber gesprochen wird, denn ein solcher Todesfall verunsichert alle, die darin – gewollt oder nicht – verstrickt sind. Kinder fragen instinktiv, was mit den Toten geschieht, erleben das verschüchtert-stille oder besonders aufsässige, mutterlose Kind; die Eltern erschrecken vor der Tatsache, daß auch sie der Tod treffen kann, auch ihre Kinder von der Verwaisung bedroht werden können. Die Trauer gilt es hier wie in jedem Trauerweg nicht aufzulösen – als könne man sie schnell „wegmachen", um möglichst ungehindert den Alltag zu leben –, sondern sie auszulösen und ihr damit die heilsame Chance zu geben, etwas für das Leben neu

---

Stuttgart 1987; Elisabeth Kübler-Ross: Verstehen, was Sterbende sagen wollen, Gütersloh 1985; Yorick Spiegel: Der Prozeß des Trauerns, München 1973; J. William Worden: Beratung und Therapie in Trauerfällen, Bern 1987) gesagt. Da, wo in konkreter Trauer die Phasenmodelle wie Zaubermittel der Beherrschbarkeit der Trauer angewandt werden, sind sie jedoch nicht mehr hilfreich.

zu bringen. Dies gilt für die Hauptbetroffenen ebenso wie für alle, die in unterschiedlicher Dichte davon mitbetroffen sind.

Wenn wir in unser alltägliches Erleben schauen, dann werden wir erschreckend oft das krampfige Auflösen der Trauer finden: Da wird am Arbeitsplatz verhohlen über den Tod des Kollegen oder den Tod des Mannes der Kollegin geschwiegen – ein Kranz, eine von allen oder auch nur einer Abordnung unterschriebenen Trauerkarte – und der Alltag soll möglichst schnell vergessen helfen. In trügerischer Naivität kommt noch die irrige Auffassung hinzu, das helfe dem Trauernden am schnellsten zu vergessen...

Da werden seelisch Trauernde mit schneller „Fürsorge" in Urlaub geschickt, sollen sich krankschreiben lassen – auch dies ist keine Hilfe, die lebensnotwendende Trauer auszulösen; es kommt eher einer mit vermeintlicher Besorgnis ummäntelten „Entsorgung" gleich, um sich vor der unübersehbaren Macht und Kraft der ausgelösten Trauer zu schützen.

Wir kennen viele Beispiele ängstlich verdrängter gemeinsamer Trauer: Die Sprach-losigkeit gegenüber Kindern, die ein Geschwister verloren haben, die verschweigende Stille gegenüber der Mutter, die ein Kind im Kindstod hat lassen müssen, das Übersehen der erwachsenen Trauernden, die „nur" ihren Bruder oder ihre Schwester verloren haben ...

Wie berührt und lebensbeschenkt wissen Menschen zu erzählen, wenn sie Trauer auslösen konnten und dabei auch die heilende Kraft der in Gemeinschaft vollzogenen Trauer erfahren konnten. Trauer ist dann wahrhaftig eine neuer Zugang zum Leben – für alle, die die Auslösung mit aller vorher nicht absehbaren Stärke und Erschütterung zugelassen haben.

Vom Wesen des Trostes

Es stimmt: Ausgelöste Trauer führt durch Abgründe. Es stimmt aber auch, daß da, wo Trauer ausgelöst wurde, Hilfe in vielfältiger Weise kommt. Ein alter Weisheitsschatz kann da Trost sein. Trost kann ermöglicht werden aus der Urerfahrung des Menschen, die er in ersten Lebenswochen durch die Mutter lernt, wenn ihm ein gesundes Aufwachsen ermöglicht werden konnte. Es ist die Kraft der Erfüllung erster, ganz auf andere angewiesener Bedürfnisbefriedigung, nicht als wünschenswerter Dauerzustand bleibender Abhängigkeit, sondern als tief verwurzelte Grundzusage, daß „jemand" da ist. Trost ist die Kraft der Lebensermutigung, die Kraft der Weisen, eine Stimme des Herzens. Trost ist kein Vertrösten, kein Halten in Abhängigkeit, sondern ein Mitgehen, ein Mitbangen, ohne darin mit unterzugehen. Der Tröstende geht mit, nimmt die Rolle des Trauernden ein, um darin zu verstehen und doch wieder herauszutreten. Der Tröstende kann Spiegel werden für den Trauernden, wird Verkörperung von Hoffnung auf das Gelingen des Weges.

Alte Weisheiten können Tröster auf dem Trauerweg werden. Menschen, die Trauer in sich auslösten und durchlebten, können Tröster sein, ebenso Menschen, die am Ende des lebensbedrohenden Weges neue Lebensfelder sahen. Eine Frau, deren Beziehung zum praktizierten Glauben mager war, hat in der Not der todbringenden Krankheit ihres noch jungen Mannes den Psalm 23 entdeckt und ihn immer wieder gelesen, wissend, daß ihr Mann stirbt, aber den Trost aufsaugend: „Der Herr ist mein Hirt, nichts wird mir fehlen ... Muß ich auch wandern in finsterer Schlucht, ich fürchte kein Unheil, denn du bist bei mir, dein Stock und dein Stab geben mir Zuversicht ..."

Als der Mann gestorben war, war dieser Psalm Leitwort der Begräbnisfeier, wurde der Anfang des Psalmes die Inschrift auf dem Grabstein, war es in ihrer Trauerbegleitung ein entscheidender Wendepunkt, als im Traum ihr Mann zu ihr sprach und ihr in lebensbedrohender Not stärkend sagte: „... denn ich bin bei dir ...".

Es ist bekannt, daß vielen Trauernden u. a. dieses Psalmwort ein wichtiger Trost geworden ist – und das, obwohl oder gerade weil es nur zu verstehen gibt, daß er die bedrohende Gewalt der finsteren Schlucht kennt, dann aber voller Vertrauen von der Fülle des Lebens schwärmt: „Du deckst mir den Tisch vor den Augen meiner Feinde. Du salbst mein Haupt mir Öl, du füllst mir reichlich den Becher. Lauter Güte und Huld werden mir folgen mein Leben lang, und im Haus des Herrn darf ich wohnen für lange Zeit."

Viele Weisheitstexte sind tröstende Begleiter.[3] Viel Trost schenken Menschen, die Trauer mittragen, mitaushalten, mitauslösen, statt sie mit Verdrängungsmacht schnell auflösen zu wollen.[4]

Trauer als persönlicher Reifungsprozeß

Trauer ist ein Prozeß

Es ist verständlich, wenn Menschen aus Furcht vor der Gewalt der Trauer sie möglichst schnell loswerden wollen. Es ist aber zum heilenden Durchleben der Trauer nicht hilfreich. Es ist dann auch gut nachvollziehbar, wenn Menschen zwar bereit sind, sich auf die Annahme der Trauer als Lebensaufgabe einzulassen; aber dann sollte es wenig-

---

[3] Ein schier unübersehbarer Markt an Weisheitssprüchen und Trostworten zeugt von der vielgenutzten Quelle des Trostschatzes der Menschheit – über die Grenzen der Kulturen hinweg.

[4] Hierzu ausführliche Gedanken im Abschnitt 3, „Bewältigungsstrategien der Trauer".

stens einen vorhersehbaren Plan geben – z.B. bestimmte Phasen, die möglichst bilderbuchhaft nacheinander durchschreitbar wären. Man meint, man könne sich gewappneter der Macht der Trauer stellen, wenn man die Trauerphasen, deren Stufen und Wucht aus einschlägiger Literatur schon kennt. Es ist auch verständlich, daß Menschen sich in der so fundamental verunsichernd erlebten Situation wünschen, wenigstens eine kontrollierbare, ableistbare Klarheit von Abfolge, Schweregrad und Erfolgsanzeige der Trauerarbeit vorliegen zu haben.

So begehrt diese Sicherungen im einzelnen sein mögen, so wenig letztlich hilfreich sind sie, weil sie einfach nicht abrufbar zur Verfügung stehen. Trauer arbeitet am Verlust, am Abschied, ist aber ein überaus lebendiges Geschehen.[5] Trauer läßt sich nicht in einem vorher auslegbaren Plan festmachen. Sie folgt zwar bestimmten Gesetzmäßigkeiten des Prozesses[6], wird von jedem/jeder aber aus der Wurzel eigener Geschichte, eigener Entwicklung, der ganz konkreten Lebensumstände je anders gestaltet. Trauer ist daher auch nicht geradlinig in einer Entwicklung zu einem Ziel hin. Viele Trauernde leiden unter dem Schmerz, immer wieder zurückzufallen. Da gab es Zeiten, da glaubte der Trauernde endlich wieder etwas mehr Halt im Leben gefunden zu haben, und fällt gerade nach dieser so sehnsüchtig erwarteten Erleichterung und Rückkehr ins Leben in ein noch tieferes Loch zurück. Da haben Trauernde sich eingerichtet, mit bestimmten Haltungen sich weniger verletzbar zu machen gegen unsensible Äußerungen – und plötzlich reicht eine kleine Andeutung, um die ganze Wunde

---

[5] Wo Trauer versteinert ist, wo sie weder Wut noch Tränen kennt, da ist sie schwierige, „problematische" Trauer, die dringend weitergehender Hilfe bedarf (s. dazu die Ausführungen unter der Überschrift: Die „ganz normale" und die „erschwerte" Trauer).
[6] Hier hat dann die Beschreibung der Phasen der Trauer durchaus einen wegweisenden Sinn – vgl. Anmerkung Nr. 2.

wieder aufzureißen. Und dann geht der Prozeß vermeintlich von neuem los. Und doch geht der Prozeß nicht nur von neuem los, sondern er geht weiter. Diesem immer wieder neue Eintauchen in die Niederung der Trauer mit ihrer Gewalt so ausgesetzt zu sein, ist ein Prozeß der Seele, die vom ersten Moment der Trauer an auf schöpferischen Neubeginn setzt. Erst im nachhinein, oft nach Jahren durchlittener und durch- und überlebter Trauer, können Menschen ihr Trauererleben als einen schöpferischen Prozeß erkennen. Die Trauer wird im Durchleben wie eine Art Neugeburt. Die Phantasie ist schnell beflügelt, Vergleiche zwischen Geburts- und Trauervorgang zu ziehen im Erleben der Anstrengung „auf Leben und Tod" bis hin zu neuem, eigenständigen Atmen, Bewegen, Leben.

Eines kann der Prozeß eines Trauerweges mit ziemlicher Sicherheit verheißen: Das Leben geht weiter; es geht anders weiter, nicht nur schwerer, aber deutlich anders, deutlich neu.

Trauer als Entdeckung anderer Lebenswirklichkeiten

Wer am Anfang der Trauer steht, hat kaum einen Blick auf das Gute, das Neue, das sich aus der Trauer ergeben kann. Viel zu sehr stehen Abbruch, Abschied, Verlust, Verlassenheit im Vordergrund. Es ist gut und wichtig, der Trauer viel Zeit zu geben, auch Zeiten des Untergehens im Verlust, auch Zeiten, in denen jedes Wort schmerzt und provoziert, das von neuen Möglichkeiten sprechen möchte, die durch die Trauer hindurch sich öffnen. Es ist eine Frage des achtsamen Ernstnehmens, wenn der Trauer nicht gleich zu Beginn das Ziel aufgezwungen wird. Es ist auch angezeigt, den mit dem Verstand schnell zur Hilfe geholten „Wert der Trauer" nicht zu früh zu preisen, weil dies dann leicht zur Fluchtbrücke wird für jene, die so vieles mit dem Kopf im

Griff halten – und auch die Trauer mit dem Verstand im Griff halten zu können glauben.

Wenn die Trauer „gesund", „normal" verläuft, dann öffnet sich irgendwann von selbst der Horizont, melden sich neue Lebensgeister. Die können um so klarer werden, je mehr der Trauernde den Weg davor genommen hat. Es stimmt tatsächlich, daß die Trauer nicht nur abbaut, nicht nur Verlusteingeständnisse abfordert. Trauer öffnet auch neue Perspektiven vom Leben, neue Erfahrungen mit ihm. Viele Beispiele bezeugen, wie Menschen durch die Trauer ihre eigene Persönlichkeit wiederentdeckten, wie sie einen feinfühligeren Umgang mit anderen Menschen, mit der Natur, in der Kultur, in der eigenen Kreativität fanden. Nicht selten sind Trauermenschen stiller geworden, aber lebensvoller. Wie schon früher erwähnt, kann ein Trauerprozeß alte Lebensfragen in besonderer Weise aufrufen. Ein Mittfünfziger, der durch körperliche Erkrankung seinen sicheren Arbeitsplatz verliert, glaubt sich am Ende seines Lebens – und gewinnt durch die Trauer viel an Wärme, an Freude an Musik und Kultur dazu. Seine Arbeitsstelle gab diesem „Luxus" keine Lebenschance. Eine junge Frau entdeckt nach der langen, zwischen Leben und Nicht-mehr-leben-Wollen stehenden Trauer um den qualvoll gestorbenen Mann ihre besondere Fähigkeit, Menschen zuzuhören, ihnen Beistand sein zu können. Eine Sechzigjährige, die ihren Mann durch plötzlichen Herztod verlor und kurz danach mit dem Ausbruch einer eigenen Krebserkrankung in Trauer um ihr Leben stand, spürte die kostbare Nähe ihrer echten Freunde und Bekannten. Eine über 70 Jahre alte Frau nutzt die Chance, ihre verdrängte, unter Schweigeverbot stehende eigene Familiengeschichte aufzuarbeiten und danach zufriedener und sozial lebendiger leben zu können.

Nicht selten sind große kreative Begabungen aus Trauerprozessen gewachsen, weil die Seele in der angespannten

Enge des Trauererlebens das Notventil des schöpferischen Ausdrucks in Musik, Malerei, Sprache, Tanz usw. suchte. So z.B. ein lediger Dreißigjähriger, der durch einen von seiner Dienststelle angeordneten Orts- und Arbeitsplatzwechsel in eine große persönliche Krise geriet, in der Gestalt seines Nachfolgers auf seiner bisherigen Arbeitsstelle seine Ersetzbarkeit schmerzlich betrauerte. Zunächst ging er wochenlang in jeder freien Stunde über einen alten Friedhof der Großstadt, kaufte sich eine Kamera, entdeckte seine besonderen Fähigkeiten, Motive zu finden und kunstvoll zu fotografieren. Da er in seiner Not wenig schlafen konnte, wanderte er nachts durch die Straßen der Stadt und schrieb danach Briefe an gute Freunde. So entdeckte er, der sich für gänzlich unbegabt gehalten hatte, seine besondere Fähigkeit, mit dem Wort einzufangen, was er als Leben, vor allem als Gefühl in sich wahrnahm.

Wie viele große und kleine, bekannte und verborgene Künstler haben ihren Auslöser in einer Trauer gefunden. Manchmal ist es – wie wir schon wissen – eine Trauer, die in Kindertagen quälte und erst im Erwachsenen ihren Ausbruch und Umbruch fand. Im gelingenden Trauerprozeß lernen Menschen die Kostbarkeit des Lebens trotz oder in aller klaren Begrenzung zu lieben.

Neben allen greifbaren Wandlungen in oder nach einem Trauerweg gibt es oft kostbare Wandlungen der inneren Einstellung zum Leben. Die Langsamkeit, während der Trauer oft als so bremsend, hindernd, den Unterschied zum früher so lebendigen Leben deutlich und quälend zu erfahren, wird als lebensrettende Hilfe erkannt. Der Trauernde hat gelernt, daß die Seele Zeit braucht und sich die Zeit durch das Angebot der Verlangsamung des Lebensrhythmus auch nimmt. War früher das Leben geprägt von dem Empfinden, daß es eigentlich kaum eine Grenze, nichts letztlich Unkontrollierbares gibt, so lehrt die Trauer – zunächst überaus drückend und erstarrend – die Demut am

Leben, die Entmachtung des Machbaren aus eigener Kraft. Es bietet sich ein neues Gespür für den Genuß am Leben in seiner Vielfältigkeit und Begrenztheit zugleich. Die Grenzerfahrung ist dann nicht mehr wie die Mauer, an der sich die Seele und der Leib wundwetzen, sondern die Mauer, an der ranken und sich entfalten kann, was gerade Lebenswille hat.

Ein im Management hoch engagierter und geachteter Mann hat durch körperliche und seelische Grenzen die Ohnmacht und Wut der Grenzerfahrung hinnehmen müssen, seine Arbeit aufgegeben, unter der auch körperlichen Müdigkeit der Verlangsamung gelitten, sich gegen die Zumutung der Demütigung seines Lebens durch Entmachtung seiner bisherigen Möglicheiten gestemmt, bis er die Langsamkeit und die Müdigkeit und die Grenzen als gute Begleiter seines nötigen neuen Weges schätzen lernte. Damit konnte er offen werden, neu zu schauen, Neues schließlich zu wagen. Dabei war das Achten auf die Zumutbarkeiten und Grenzen für sein Leben eine der größten Früchte seiner Trauer.

Nicht selten hat nach beklemmender Erfahrung der Vereinsamung eine Erweiterung des sozialen Geflechtes stattgefunden. Trauer muß am Ende nicht die gezwungene Verliebtheit in das Alleinsein bedeuten. Menschen, die vorher vielleicht wegen dauernder Arbeit oder gewollter Abkapselung nicht mehr da zu sein schienen, können durch einen Trauerweg neu gefunden und angemessen eingebunden werden – für manche Trauernde ist es wie ein gänzlich unverdientes Geschenk, von „alten Freunden" immer noch gesehen, geliebt und angenommen zu sein.

Am Ende eines auch bewußt mit viel Einsamkeit gesuchten Trauerweges steht nicht selten ein freies, in seinen Grenzen klar gesetztes Engagement im sozialen Umfeld. Wenn ein soziales Engagement jedoch gesucht wird, um der Wucht der eigenen Trauer auszuweichen, wird es leicht schädlich für alle Beteiligten. Da werden die Helfer schnell ausgebrannte „hilflose Helfer". Sozialengagement ist kein Trauerauflöser! Soziale Verantwortung nach Auslösung der Trauer hingegen kann eine große Quelle der Energie und des guten Wirkens sein.[7]

Verschiedene Ebenen der Trauer

Die Trauer bezieht sich auf einen konkreten Menschen. Was zunächst so einfach aussieht, als gälte es nur auf einen Menschen zu schauen, erweist sich als ein Teil in einem größeren Geflecht. Manchmal gibt es Verwirrungen, neue Traurigkeiten, Anschuldigungen und Zerwürfnisse gerade dadurch, daß die Ebenen verwischt sind und Unverstehen zur Bewegungslosigkeit führt.

Im Trauerprozeß vermischen sich die Ebenen: Da ist der reale, verlorene Mensch; da ist der Verlust des Ideals, das der Trauernde in diesem Menschen gesehen hat; da ist die Trauer um sich selbst.

Als gesellschaftliches Phänomen übernimmt die Trauer gelegentlich die Funktion, die Unfähigkeit zu trauern zu überdecken.

Die Trauer um den anderen und das Ideal von ihm
Gerade wenn die Beziehung sehr liebevoll war, kann die Idealisierung des anderen in der Zumutung des unwiderbringlichen Verlustes eine arge Not sein. Weil der Trauernde schwer Abstand nehmen kann von seinem Toten, sucht er – ähnlich wie in seinen ersten Lebensjahren – eine innige Verbindung, eine Symbiose, zu ihm. Sie gehört in den ganz

---

[7] In der Hospizbewegung treffen wir z.B. viele Menschen, die um Verlust, Abschied und Trauer wissen und hier ihre Erfahrungen, ihre eigene Sensibilität, ihre eigene Verwundung und Verletzbarkeit mit einbringen. Hier ist Verständnis da, daß Trauer zum Leben gehört und gelebt sein muß, um neue Perspektiven zu ermöglichen.

normalen Trauervorgang, weil daraus viel Kraft geschöpft werden kann, um schließlich alleine neu weitergehen zu können.

Wenn nun aber eine Verbindung nicht gleichrangig war, wenn – geheime – Wünsche in ihr nicht erfüllt waren und sich durch die Idealisierungen das Wunschbild einer Verbindung ersonnen war, dann muß die Trauer möglicherweise Lasten tragen. Manchmal wird auch die Sehnsucht nach Liebeswünschen, die unerfüllt bleiben, in die Trauer eingeflochten. Dann brechen oder platzen alte Wunden auf, im Spiegel eigener Erwartungen nicht genug gesehen, nicht genug geschützt, nicht genug ermutigt worden zu sein. Um diesen Schmerz, der durch den Verlust nicht mehr geklärt werden kann, zu mindern oder zu unterdrücken, wird der Verlorene idealisiert. Diese Idealisierung hemmt allerdings letzlich den Schmerz um das, was nie erreicht wurde, hindert letztlich den Fluß des Trauerweges. Die Trauer nämlich muß Abschied und Neufindung mit der wirklichen, der ungeschminkt gesehenen Person vollziehen, dem Menschen mit Schwächen und Stärken, mit Erfüllendem und Unerfüllendem. Sicher hat auch die vorübergehende idealisierende Sicht ihren Sinn, weil die Trauer für eine Zeit lang ganz innige Verbindung, Symbiose, braucht. Wo sie aber in der Idealisierung und Verschmelzung stecken bleibt, erstickt sie auf Dauer das Lösen der rechten Trauer.

Die Trauer um sich selbst
Sie ist ein für viele schambesetztes Thema, macht Angst, führt zu Schuldgefühlen, erniedrigt nicht selten das eigene, gesunde Trauern. Im gesellschaftlichen und moralischen Erwartungshorizont steht die Trauer als Trauer um einen anderen, der verloren ist. Die Trauer richtet den Blick damit eindeutig auf den verlorengegangenen Menschen. Die angebliche Selbstlosigkeit und der ganz nach außen gerichtete

Blick sind gesellschaftsfähig. Vor allem in Trauerprozessen, die vor dem endgültigen Verlust stehen, wird diese Trauer als die gute, die gelungene bezeichnet: Nicht ich als Verlierender stehe im Blick, sondern der, der verloren gehen wird. Das ist sicher richtig, drückt sich in dem weisen Bekenntnis z.B. aller in der Sterbegebleitung Tätigen aus, wenn es heißt, daß der Sterbende allein tonangebend ist. Es ist für die meisten Situationen so auch im Grundsatz zutreffend. Aber es bleibt, daß das Verlieren immer auch ganz heftige Trauer um den Zurückbleibenden selbst auslöst. Ein junger Mann erfährt von der todbringenden Krankheit seiner Freundin, hat in seiner Not den unbezwingbaren Drang, jede noch zur Verfügung stehende Minute des Lebens gemeinsam zu verbringen. Er stößt auf den Widerstand der Sterbenden, auf ihre Abwehr, ihre ausgesprochene Zurückweisung. Es stimmt, daß er lernen muß, dies zu respektieren, denn die Sterbende hat ein Recht auf die Art, wie sie mit sich und ihrer Trauer und ihrem Sterben umgehen möchte. Der Freund hingegen trägt auch eine überaus ernst zu nehmende Trauer um sich selbst in sich, um den Verlust, den er hinnehmen muß, ungefragt, vom Schicksal auferlegt. Er trägt die Trauer um sein nun gänzlich sich änderndes Lebens in sich. Er trägt die Trauer um nicht mehr erfüllbare Wünsche – z.B. nach körperlicher Begegnung und größtmöglicher Nähe – in sich. Er wird sie nicht mit seiner Freundin klären können – aber er braucht Hilfe in der Trauer um sich selbst, braucht Wertschätzung und Anerkennung, daß es diese Trauer gibt, bar jeden moralischen Urteils, ob das im Blick auf die Sterbende angemessen sei oder nicht. Starke Verlustängste sind da, Wut und Aggression gehören mit in die Trauer um sich selbst. Diese Gefühle sind weithin nicht gesellschaftsfähig, obwohl alle irgendwie und in unterschiedlicher Dichte davon betroffen sein dürften. Sie gelten als zu egoistisch, zu wenig in den Nimbus einer gelingenden, nur auf den Sterbenden

28

oder Verlorenen schauenden Aufopferung. Die unausgesprochene Abspaltung dieser egozentrischen Anteile der Trauer kann schwere Hemmungen in das Gelingen eines Trauerprozesses legen. Die Schuldfrage wird zu einer Unerträglichkeit, die oft kein Ventil findet, weil der Trauernde sich unter einem moralischen Druck der Unangemessenheit sieht – einem Patt seiner Seele, die sich verbieten muß, um sich selbst zu trauern, aber in aller Trauer um den anderen auch voll in der Trauer um sich selber steht. Das Zulassen dieses Teils der Trauer öffnet auch wieder für eine echte, ehrlich zugewendete Trauer für den anderen.

Die Erfahrung in der Sterbebegleitung zeigt, daß mindestens so viel Zeit der Begleitung für die Angehörigen anzusetzen ist wie für den Sterbenden. Dabei spielt die Trauer um sich selbst, die Unaussprechbarkeit dieser moralisch leichtfertig geringer eingeschätzten Trauer eine große Rolle. Die Trauer um sich selbst ist zunächst eine ganz gesunde Reaktion des Selbsterhaltungswunsches. Sie erfährt Grenzen im anderen; sie braucht Hilfe, die den Gehenden schützt, den Zurückbleibenden versteht und beiden durch diese Entlastung eine angemessene Form des Abschiednehmens öffnet. Denn wo die Trauer um sich selbst in ihrer Bedürftigkeit die Grenzen des anderen nicht achtet, wo die Nennung der Grenzen des anderen den um sich Trauernden in moralische Versagensphantasien abstürzen läßt, da geht wertvolle Energie liebender, freundschaftlicher Begegnung und Verabschiedung verloren.

Trauer(vermeidung) als gesellschaftliches Phänomen
Die Unfähigkeit zu trauern haben ganze Völker bewiesen.[8] Nach Katastrophen, nach Kriegen, nach überwundener Diktatur schicken sich Menschen schnell wieder an, Neues

---

[8] Vgl. die Untersuchungen von Alexander und Margarete Mitscherlich: Die Unfähigkeit zu trauern, München 1977.

aufzubauen, kaum Kraft und Zeit für die Bewältigung des Chaotischen und höchst Verlustvollen zu nehmen, sondern alles im Schaffen abzuspalten. Trotzdem ist unerledigte Trauer im Gemeinwesen noch vorhanden. Es bedarf manchmal nur kleiner Auslöser, um die Kraft und gleichzeitig die schnelle Verdrängsucht einer Gesellschaft wieder aufzuwecken. So erleben wir immer wieder einmal große, ergriffene Trauer bei spektakulären Trauerfällen, bei Katastrophen, bei Verbrechen usw. Diese Trauer scheint wie ein kurzer Prozeß der Reinigung vom Druck des grundsätzlich von Vergänglichkeit geprägten Lebens zu sein. Das Mitgefühl mit den betroffenen Trauernden hat auch viele persönliche Anteile, hat auch die entlastende Bedeutung, selbst noch einmal verschont worden zu sein. Wir kennen die Reaktionen nach Flugzeugabstürzen, nach Naturkatastrophen, nach aufsehenerregenden Verbrechen, verfolgen in den Medien die möglichst nahe Begegnung mit den in Trauerleid aufgewühlten, in ihren Gefühlen hemmungslos geöffneten Menschen. Wir erkennen einen in uns berührten, trauerahnenden oder trauertragenden Teil wieder.

Diese Anteilnahme ist für viele ein hilfreicher Mechanismus der Angstabwehr – durchaus verständlich und nicht unter dem moralischen Druck der Verwerflichkeit zu sehen. Es ist die Angstabwehr vor der Gewalt der Trauer und der Begrenzung und Vergänglichkeit unseres Lebens. Bei in der Öffentlichkeit ausgetragenen Katastrophen wird nach erster Empörung und Lähmung vor der Schrecklichkeit des Ereignisses der Krampf der Angsterstarrung bald gelöst. Da werden in den Medien z.B. erste Fragen laut, wieweit die Opfer nicht doch irgendwie mitschuldig geworden sind – bis hin zur Spekulation, der Geiz habe sie in die Hände skrupelloser Billigflieger getrieben, deren Flugzeug wegen mangelnder Wartung abstürzte; oder eine junge Frau habe durch ihre Reize provoziert, daß sie Opfer eines Gewaltverbrechens wurde; oder die asozial genannten Umstände machten erklärlich, daß die Kinder in den Flammen eines Hauses umkamen.

Die öffentlich gezeigte Trauer kennt klare Abstufungen. Die Trauer um mißhandelte Kinder aus ganz normalen Familien ist anders als die um einen alleinstehenden Alkoholiker, der von einem Kriminellen in der Ausnüchterungszelle erschlagen wird. Die Trauer um einen Menschen, der vielleicht an seinem Unglück durch Risikofreudigkeit mit schuld sein könnte, fühlt sich entlasteter an als die Trauer um ein Opfer blinden Rassenhasses. Ein im terroristischen Überfall getöteter Generalbundesanwalt wird anders betrauert als ein nach Mißbrauch getötetes Kind.

Es ist die Angstabwehr gegen Kontrollverlust durch das plötzliche Hereinbrechen-Können des tödlichen Schicksals. In unserer Gesellschaft haben wir die Ergebenheit in den unergründlichen Ratschluß Gottes gegen ein angespanntes Wachen über Rettung des Lebens ausgetauscht. Gelassener und glücklicher sind wir dadurch nicht geworden.

Grundsätzlich ist es fatal, Trauer unter dem Aspekt moralischer Wertung zu beurteilen und dadurch die eine Form als gut zuzulassen, während die andere als verwerflich, moralisch minderwertig in den Brodelkessel unterdrückter Impulse gestopft wird. Der öffentlich getragenen Trauer wäre zu wünschen, daß sie in der gemeinsamen Betroffenheit den einzelnen Zugang zu eigenem Erleben der Vergänglichkeit und Begrenztheit öffnete. Die Chance dafür ist eher gering, weil eine ganze Medienindustrie u. a. davon lebt, die kollektive Trauer auszulösen, um sie dann möglichst bald durch eingestreute Mutmaßungen über die Mitschuld der Betroffenen oder durch neue, gänzlich andere Ereignisse schnell wieder aufzulösen. Aber auch hier ist es ein Gebot der Redlichkeit, der gesellschaftlichen Wirklichkeit ins Auge zu schauen. Wer mehr für sich und unsere Gesellschaft tun will, der erhalte sich die Tugend des Betroffenseins und die freiwillige Mäßigung in der Menge des gierig konsumierenden Hinschauens.

Trauer als fundamentale spirituelle und religiöse Krise

Trauer ist eine fundamentale Erfahrung, die wenig Beschönigung und wenig floskelhafte Worte und Gedanken verträgt. Die Trauer ist überaus hellhörig auf Echtheit und Wahrhaftigkeit. Kaum ein Lebensbereich bleibt in dieser besonderen Wachsamkeit ausgespart. Auch die spirituellen und religiösen Wurzeln sind gegen Erschütterungen bis hin zu Entwurzelungen nicht gefeit. Die Erfahrung des grundlegenden Verlustes und Abschiedes, das hautnahe Erleben von Grenzen und fremder wie eigener Vergänglichkeit stellt – wie nicht anders zu erwarten – auch fundamentale Sinnfragen. Für manche ist die Antwort schnell und echt und tragend in gewohnter religiöser Beheimatung gefunden. Für sie ist unhinterfragt: Ich bin geborgen in einem größeren Sinn. Ich bin getragen in der unerschütterlichen Zusage der Treue Gottes, die stärker ist als der Tod.

Für viele ist aber selbst mit dieser bisher unangefochten gültigen religiösen Beheimatung das durch den Verlust ausgelöste Beben furchtbar grundlegend. Manche leiden in ihrer Trauer ganz wesentlich an der Erfahrung, daß ihr bis dahin tragender, tröstender Glaube an die Gegenwart Gottes nicht tröstet. Eine Frau erzählt unter Tränen, daß sie ihr ganzes bisheriges Leben in der ehrlichen Verbundenheit mit Gott gelebt habe; jetzt, da sie seine Hilfe nötiger denn je brauche, schweige er, sei er unerreichbar leer. Andere Trauernde beklagen, daß sie in der ausweglosesten Not ihres Alleinseins sich vor das Kreuz stellen und um ein noch so kleines Zeichen des Trostes von oben bitten, aber noch matter, unerhört und ungetröstet von dort weggehen. Weil die Trauer eine fundamentale Lebenskrise beschreibt, ist sie meist auch eine spirituelle Lebenskrise – mit der bitteren Erfahrung der Ohnmacht ebenso ausgestattet wie mit einer ganz eigenen Art auch spiritueller Reifung, aus der das Leben gestärkt, anders, neu hervorgeht. Die Trauerkrise ist zutiefst auch eine spirituelle Krise, weil es um das Zentrum des Lebens geht, um die Annahme der Vergänglichkeit, um die Annahme der Fülle des Lebens, um die Annahme entwickelnder Veränderung. Die spirituelle Geborgenheit eines Menschen ist wichtig, um seinen Platz im Universum, in der Anbindung an die Transzendenz zu orten. Das spirituelle und religiöse Fundament ist auch in der bleibenden Verbindung zu den Verstorbenen nicht wegzudenken. Wie die Lebensumstände nach einem Verlust sich durch die Mühsal des Trauerweges neu gebären müssen, so kommt die Kraft der innerlichen, der auferstandenen Verbindung mit den Toten auch aus der Mühsal der spirituellen Krise. Sie wird ganz individuell ausfallen, wird bei den einen ohne äußerlich erkennbaren Reifungsprozeß vonstatten gegangen sein, bei den anderen vielerlei Umwege aller möglichen esoterischen und nihilistischen Erscheinungsformen hinter sich gebracht haben, bis sich festigt, wonach die Seele unaufhörlich sucht: neuer Zugang zum Verlorenen und neuer Zugang zum eigenen, nun anders gearteten Leben. Es ist gut, damit zu rechnen, daß in der Trauer die spirituelle Krise nicht den totalen Untergang des letzten Haltes markiert, sondern zu dem gehört, was im folgenden das „ganz normale Chaos der Trauer" genannt wird.

II
Trauer erleben –
vom ganz normalen Chaos der Trauer

Das ganz normale Chaos der Trauer

Manch einer meint, Trauer könne man lernen, je mehr Trauer überlebt worden sei, um so gewappneter gehe man in ein neues Trauererleben. Das stimmt bestenfalls begrenzt. Die Trauer hat je neue Auslöser, stellt vor neue Aufgaben, läßt Verluste an je eigener Stelle spüren. Allem Trauern ist gemein, daß es aus den Bahnen des Normalen wirft. Dieses Erleben Chaos zu nennen, ist nicht zu hoch gegriffen. Es stimmt auf vielen Gebieten nicht mehr, was vor der Trauer noch eine verläßliche Sicherheit darstellte. Der Alltag ist nicht mehr Alltag wie immer, der Kreis der Freunde und Bekannten wandelt sich, die Seele schwankt zwischen Alleinseinwollen und sich nach Gesellschaft sehnen. Was früher Spiel freier Kräfte und geliebter Spontaneität war, erstarrt in dem einen Gedanken: Trauer und Verlust. Wildeste Gefühle springen wie aus dem Nichts auf und verschwinden wieder – sie hinterlassen darin eine grundlegende Verunsicherung und die Angst vor neuer Überwältigung durch Gefühle von Scham, Schuld, Wut, Ohnmacht, Idealisierung. War das Leben vor der Trauer noch durchaus zukunftsfreudig, fühlt es sich jetzt gelähmt und trägt den Wunsch in sich, dem Toten folgen zu dürfen in ein Grab. Und dann, viel später erst, die zaghaften Versuche, durch die Trauer hindurch das Leben neu sehen zu lernen, die Wankelmütigkeit, die nicht weiß, ob ein Lachen oder gar länger anhaltende Freude überhaupt sein dürften oder ob sie schnöder Verrat an der ewigen, den Tod überdauernden Liebe sind.

Ein Chaos der Gefühle braut sich in der Trauer zusammen, überfordert, macht orientierungslos, quält in der Gegensätzlichkeit, frißt Energie und läßt oft so unsäglich hellwachmüde zurück. Es ist eine Form der Unlebbarkeit, in der die Seele nichts mehr als den heilenden Schlaf ersehnt und von nahezu dämonischer Wachheit des Körpers verhöhnt wird. Das Chaos der Trauer kann sich auch ganz anders offenbaren: in einer Erstarrung. Menschen machen sich gefühllos, haben keinen Kontakt zu sich, kennen keine Bedürfnisse mehr an sich, erleben die Sinne wie ausgeschaltet, die Welt sich ohne Zeitempfinden bewegend, wie durch einen Nebelfilter wahrgenommen. Solche Menschen wirken anstrengend bemüht, weder Höhen noch Tiefen des Erlebens in sich zum Schwingen kommen zu lassen. Das Leben muß durchgestanden werden – möglichst unberührt – unberührbar.

Das alles ist das Chaos der Trauer – und in diesem Chaos ist es zugleich ganz und gar normal. Trauer ist so. Die Trauernden wähnen sich nicht selten verrückt. Sie sind es nicht. Die Umstände ihres Lebens sind tatsächlich verrückt – und das ist für das Trauern gänzlich normal. Eine Beruhigung zu wissen, daß dieses Chaos, diese Ver-rücktheit des bisher gewohnten Lebens eben Teil der Trauer ist. Dieses Erscheinungsbild der Trauer wird dadurch nicht verharmlost; aber es ist gut zu wissen, daß die Trauernden in ihrem Gefühlsgewirr doch nicht falsch unter anderen Menschen sind.

Abschied von der Normalität

Wenn der Verlust schleichend kam, dann wissen die Trauernden schon früh, was der Abschied von der Normalität bedeutet. Die Trauer beginnt auch nicht erst mit dem Tod

35

oder einer anderen Form endgültigen Verlustes. Der Keim der Verzweiflung liegt im frühen Begreifen, daß da etwas nicht mehr wird – in der Beziehung, die auf Trennung geht oder in der Krankheit, die zum Tode führt. Die Trauer beginnt mit dem Wissen um die Wandlung zum Verlust hin. Was bis dahin normal war, wird manchmal bis zur Unerträglichkeit beeinträchtigt. Ist es für jeden normal, sich aus dem Haus bewegen zu können, mal in die nächste Stadt zu fahren, mal ein Buch zu lesen, mal ins Kino zu gehen, mal Leute zu treffen, mal zu trinken was und wieviel man will, mal lecker essen zu gehen, mal unter Leuten unbeschwert oder tiefangerührt zu sein, fallen diese Selbstverständlichkeiten mit der Trauer für viele weg. Mal sind es die äußeren Umstände – z.B. eine Pflege –, die diese Freiheiten unmöglich machen, mal ist es die eigene Last der Seele, die sich im Moment von alldem nichts gönnen kann. Da helfen für bestimmte Zeit noch so gute Hinweise und Entlastungsangebote nichts – es ist die Umwandlung der Seele, die sich das zumindest für Zeiten nicht nehmen kann. Und wenn der Versuch unternommen wird, sich zu etwas Normalem – wie z.B. einem Bummel in der Stadt – zu zwingen, dann quält sich die Seele mit allerlei Gedanken an zu Hause oder an die Situation, die eben jetzt nicht mehr normal ist. Eine ganz eigentümliche Stimmung lähmt oder stachelt die Seele auf: Die Sehnsucht nach Normalität ist wie ein Durstlechzen in der Wüste, die Bereitschaft aber ist müde und kann sich nicht bewegen. Das macht das Trauern so schwer, so unerklärlich auch für andere. Die Trauernden benennen, wonach ihr Herz begehrt – und sagen im selben Atemzug, daß sie es sich nicht nehmen können, um alles in der Welt nicht nehmen können. Da helfen keine liebevollen Überredungskünste, da sind Mahnungen Gutmeinender eine Qual. Es gibt die Zeit der Trauer, in der vieles an Normalität verloren ist und auch so sein will und muß.

Isolation und Verlust von Freunden

Wenn schon die Normalität stark eingeschränkt ist, dann wirbelt das Chaos dieses trauernden Lebens weitere Fremdheit auf. Ein Sprichwort sagt – eher moralisch wertend und resignierend – die guten Freunde erkenne man in der Not. Diese Erfahrung machen Trauernde auch. Freunde und Bekannte meiden den Kontakt. Sind dem Sterben eine anhaltende, ausgrenzende Pflege oder bei einer Trennung ein erkennbares Auseinanderleben vorweggegangen, so ist diese Erfahrung der Isolation schon vor dem Verlust schmerzlich fühlbar. Sonderbarste, in der Wirrnis des vereinsamenden Trauerns so unbegreifliche Situationen geschehen: Da wechseln Bekannte schnell die Straßenseite; da werden die Trauernden im Geschäft glatt übersehen, verstecken sich die Bekannten hinter Regalen, tun erstaunt, wenn sich Blicke oder gar Begegnungen nicht vermeiden lassen. Telefonate werden spärlicher, gelegentlich erfährt man über Dritte Erkundigungen nach dem Befinden oder wohlmeinende Grüße, die aber eher Wut und Ablehnung ernten als dankbare Annahme durch die Trauernden. Da werden Einladungen seltener, versiegen ganz. Und wenn ein Kontakt sich nicht vermeiden läßt, dann wird von allem Möglichen gesprochen, nur nicht vom Trauerereignis, werden Ratschläge erteilt und vorgeschlagen, man müsse sich doch öfter sehen. Trauernde sind oft noch einsamer und verlassener, wenn sie solche Unachtsamkeiten und das Übersehenwerden hinter sich gebracht haben. Es sind manchmal Vergewaltigungen der Seele, die nicht anders als sich schützend weghören und wegfühlen kann, bis es vorbei ist.

Trauernde haben sogar tiefes Verstehen für die Unbeholfenheit und Verunsicherung der Freunde und Bekannten. Sie erleben ja selbst, wie wenig sie sich und ihren bisher geltenden Normen vertrauen können. Aber diese Unsicherheit hat keine dauerhafte Entschuldigungskraft. Trauernde wünschen sich Freunde, die sich melden, die ihre eigene Unsicherheit bekunden, die vielleicht auch nur weinen oder nur sagen, daß sie nichts sagen können, daß sie anbieten, da zu sein, wenn es erwünscht ist, egal wie, ob mit Reden oder Aufrechterhalten der Alltagsnormalität. Das Schweigen oder Überrennen macht die Isolation so ausdörrend für die Trauernden. In einer Runde zu sitzen, in der von allem, aber nicht von dem Toten gesprochen wird, ist eine anspannende Überreizung.

Und dann diese unausgesprochenen Skalen der Wertigkeit und Erlaubtheit von Trauer: Die Gesellschaft billigt einem gewaltsamen Kindstod oder einem unerwarteten Unfalltod oder einem jugendlichen Suizid mehr Trauerbonus zu als einer alten, lange pflegebedürftigen Mutter oder einem „sowieso" behinderten alten Bruder. Es ist erschütternd und verräterisch für den Umgang der Gesellschaft mit der Einmaligkeit eines Menschenlebens, wie sie u.a. Trauer zuläßt und wertet.

In die Isolation treiben auch die ungeduldigen Aussprüche, Mahnungen, Vorwürfe und psychologischen Zustandsdeutungen der anderen. Diese ertragen oft die Dauer der Trauer nicht, ertragen Zwischenzustände des Trauerweges nicht, reden „gut" zu und verletzen dabei, bagatellisieren, was dem Trauernden unsägliches Leiden ist: Sie sagen dem in Trauer Verstrickten, er dürfe sich da nicht hineinfallen lassen, sonst werde es problematisch; sie sagen der Ehefrau, der Mann sei doch schon lange krank gewesen, und es sei schließlich besser so für alle; sie sagen dem jungen Ehemann, der seine Frau durch einen Unfall verlor, wer wisse, was ihr im Alter und bei der unsicheren Weltlage alles an Krieg und Katastrophen erspart geblieben sei; sie sagen den fassungslos-versteinerten Eltern, daß sie ja noch andere Kinder hätten und noch jung genug seien, um ein neues zu bekommen.

Bei derartiger Verletzung der Gefühle Trauernder ist der schützende Rückzug in die Isolation nur allzu verständlich. Trauernde ziehen sich zurück, weil sie sich nicht verstanden fühlen. Trauernde sind viel verwundbarer. Oberflächliches Gerede kann ungemein verletzend und ermüdend sein. Selbstgewählte Isolation ist da Schutzwall.

Selbstgewählte Isolation

Das isolierende Verhalten Außenstehender baut eine Mauer der Fremdheit und des Alleingelassenseins um die Trauernden. Nicht selten führen solche Erfahrungen dazu, daß Trauernde sich selbst isolieren. Sie haben keinen Menschen, der ihre Trauer versteht, sich bemüht, sie mit ihnen auszuhalten. Auf der Suche nach verstehenden Begleitern kraftlos gewordene Trauernde sagen schließlich: Es gibt niemanden; und wenn es jemanden zu geben scheint, dann erzählt er nicht selten von sich, von seiner Trauer, von seiner Art, alles überwunden zu haben, von der Notwendigkeit, sich nicht hängen zu lassen, von der Schönheit des Wetters und den günstigen Sonderangeboten im Kaufhaus. Und die Trauernden ziehen sich zurück und wählen die – oft zermürbende – Isolation.

Es gibt aber auch eine andere Form der Isolation: den selbstgewählten Rückzug. Zu einem Teil ist es eine ganz normale Phase der Orientierung in der gänzlich anders gewordenen Welt. Zum Teil ist er Schutz vor zu viel Fremdbestimmung. Zum Teil ist er aber auch Warnsignal einer nicht mehr nur „normalen" Trauer.

Trauernde brauchen auch eine Zeit besonders inniger Verbindung mit dem Verlorenen – jene Symbiose, aus der im gesunden Verlauf die Kraft für ein eigenständiges Leben sich finden will. In dieser Phase ist Rückzug der Wunsch, den Verlorenen nicht mit anderen teilen zu wollen und zu können. Erst wenn dieses Klammern sich festgesetzt hat, wird es zu einem Baustein erschwerter, krankmachender Trauer, die dringend Hilfe braucht, um ein Leben weiter offen zu halten.

Abschirmende Trauer ist in manchen Kreisen ein gesellschaftliches Problem. Sterblichkeit und Trauer werden als persönliches Versagen, als Unfähigkeit des „reifen Umgangs mit Lebenskrisen", als nicht hinnehmbare Schwäche gewertet. Bei diesen Menschen ist anerzogen, daß „man" jede Situation meistert und mit der Würde des Standes oder der akademischen Bildung ertragen und bewältigen kann. Derart Betroffene erleben in den möglicherweise hemmungslosen Grenzen und Nöten der Trauer manchmal eine Demaskierung ihres so unantastbar und aus dem normalen Leben herausgehobenen Standes.

In diesem Rückzug versteinern Trauernde, werden – wie in der Literatur öfter beschrieben oder in Filmen gezeigt – zu lebenden Totendenkmälern, deren kalte Ausstrahlung das Leben anderer vergiftet.

Andere treten aus selbst gewählter Einsamkeit nach einer gewissen Zeit wieder an die Öffentlichkeit und versuchen mit allen Kräften so aufzutreten, als sei nichts Wesentliches geschehen.

Im selbstgewählten Rückzug kann sich aber auch der Schrei nach einem Menschen verbergen, der das Elend sehen und sich erbarmen möge. Hier ist es wichtig, daß Trauernde Ansprache erfahren und dann selbst entscheiden können, ob und mit wem sie Kontakt haben möchten. Trauernde nutzen selten das Angebot „Du kannst dich ja melden, wenn du uns brauchst"; sie können es oft nicht, weil ihnen die Kraft dazu fehlt.[9] Trauernde brauchen wert-

---

[9] Unter Kapitel 4 werden verschiedene Möglichkeiten der Begleitung beschrieben, darin unter dem Stichwort Hospizbewegung vor allem auf Programme verwiesen, in denen das Zugehen anderer auf die Trauernden wesentlicher Bestandteil der Begleitung ist („widow to widow").

schätzenden Zuspruch, um sich aus der selbstgewählten Isolation befreien zu können.

Menschen, die in normaler Trauer die Zeit der Selbstisolation wählen, trauen sich nach einer gewissen Zeit von selbst wieder zu anderen Menschen. Die Trauer braucht Begleitung, auch die normale Trauer. Sie sucht und wird im Normalfall einen oder mehrere Menschen finden, die Hilfestellung leisten können. Recht vielfältig kann diese Hilfe im sozialen Netz der Trauernden sein – von ganz praktischer Stütze bis zu seelenverbundener Vertrautheit. In einer Trauerbegleitung ist es daher wichtig, das weitschichtige soziale Gefüge der Trauernden bewußt im Blick zu halten und es zu aktivieren. Eine Frau, die früh ihren Mann verlor, klagte darüber, sich so allein und unverstanden zu erleben. Ein lebendiger Blick auf das Beziehungsgefüge ihrer engeren und weiteren Familie offenbarte, wie unterschiedlich und reich die Versorgung der „ganz normal verwirrten" Trauernden ist: Der kleinste Sohn gewährleiste, daß sie mitten in der Arbeit aufhören darf, um ihrer Trauer um ihren Verlust nachzugehen, denn der Junge sagt, er höre mitten im Spiel auf, wenn er an Papa denke und dann weinen müsse. Die größere Tochter rebelliert gegen den Tod, geht nicht zum Grab, zeigt kein Weinen, findet die Welt nur zum Kotzen – und in diesen Gefühlen spiegelt sie etwas in der trauernden Mutter wider, die vor ihren Kindern nicht weint und ihr Leben auch körperlich fühlbar „zum Kotzen" findet. Und daß diese Tochter das Weinen verbirgt, um die Mutter nicht noch mehr zu verunsichern, das schafft die Beruhigung, daß die Mutter auch um die Trauer der Tochter weiß. Eine Schwester sagt knallhart, der Tod gehöre zum Leben, das sei so, der erwische alle früher oder später, und man müsse jetzt für das alltägliche Weitergehen sorgen – und in dieser so kalt erscheinenden Schwester leuchtet eine ebenso überlebensnotwendige Kraft für die Trauernde auf: Der Alltag hat tatsächlich ganz normale und nötige Verrich-

tungen. Die Mutter der Trauernden sagt, daß sie ganz hilflos sei und Angst habe, wenn sie die Macht der Trauer in
ihrer Tochter spüre; aber die Kinder zu nehmen, wenn sie
Ruhe brauche oder allein sein wolle, das könne sie. Eine
andere Schwester schließlich ist „wie von gütiger Hand geschickt" immer dann gerade zufällig in der Nähe, wenn die
Trauer alle Lebensfäden zu zerreißen droht.

An diesem Beispiel erfahren wir, wie sich für Trauernde
nicht selten ein Beziehungsgeflecht offenbart, in dem die
emotionalen und lebenspraktischen Anforderungen sich
hilfreich festmachen lassen.[10]

Besetzung durch die Trauer

Wer von Trauer nicht akut beseelt ist, der tut sich schwer,
der so starken, unentrinnbar scheinenden Macht der Trauer
zu glauben. Wir sind geneigt, für – fast – alles eine Regelung
zu sehen. Wenn es schwieriger wird, wenn die Lebensumstände mit Worten allein nicht gleich wieder ins Lot zu
bringen sind, dann suchen wir nach Hilfen, die an sich
sicher sinnvoll und helfend und heilend wirken. Autoge-
nes Training, Sport, Yoga, Meditation, Entspannungsübun-
gen usw. sind auf alle Fälle nicht zu unterschätzende Hilfen
in der Mühsal des Trauerweges. Auch um die Seele sor-
gende Gespräche mit Verstehenden sind ebenso stützend
heilsam und bewußt zu suchen.

Trotz oder in aller Hilfe gibt es das schwerwiegende Gefühl der Besetzung des ganzen Lebens durch die Trauer. Bei
noch so guter Sorge für sich selbst nimmt die ausgelöste
Trauer ganz weiten Raum für sich, wird für eine Zeit zum
alles bestimmenden Lebensgefühl, verhindert viele denk-

---

[10] Ausführlicher und praktischer wird dieses Thema des eigenen Trauererlebens in den Kapiteln 3 und 4 beschrieben, vor allem im Kapitel „Ist
denn das normal?"

bare und durchaus nützliche Lebensimpulse. Diese Besetzung des Lebens verwirrt, weil der Zurückgebliebene nicht mehr weiß, wo jetzt sein Platz im Leben, im Haus, am Tisch, im Bett usw. ist. Die Erfahrung der Allmacht der Trauer macht sich besonders in Alltäglichkeiten, in den Banalitäten des Lebens schmerzlich fest. Es gibt dann nur den einen Gedanken, nur den einen Schmerz, nur das eine Gefühl.

Weil dieses beschlagnehmende Empfinden so hindernd erfahren werden kann, reißen Trauernde aus und flüchten in Überaktivität, in Abwesenheit von zu Hause, in überstürzte Ferienreisen oder in panikgetriebenes Umstellen der Möbel und anderer bisher gemeinsamer Lebensräume. In solche Flucht schreibt die Gewalt der Trauer sehr oft um so unentrinnbarer ihre Botschaften: Es ist das fast unheimliche Gefühl, als warte die Trauer mit der unbezwingbaren Geduld der Siegerin an der Haustüre, am Küchentisch, neben dem Fernsehsessel, am Spiegel im Bad oder an der Bettkante, um mit unbändiger Wucht sich in Erinnerung zu bringen. Manchmal ist es tatsächlich ein beängstigend gespenstisches Empfinden, wenn Menschen in ihrem Fluchtbegehren so unerbittlich von der Trauer erwartet werden – in jeder freien Minute, wenn die Dämmerung einzieht, wenn Sonn- und Feiertage oder besondere Gedenktage sind, wenn Blumen zu üppig bunt erscheinen, Vögel zu selbstverständlich singen oder die Sonne zu verschwenderisch scheint. Dann holt die Trauer, was sie braucht. Dem Trauernden ist es oft schwer, die Trauer als etwas Heilwollendes zu erkennen. Zu drückend sind die Seelenschmerzen, zu verständlich der Wunsch zu fliehen. Irgendwann merkt jeder gesund Trauernde, daß die Flucht verständlich, aber nicht heilsam ist, daß das Trauerauslösen weiterbringt als der Zwang, sie auflösen zu wollen. Es sind nicht die erhabenen Theorien über Tod, Verlust, Abschied und Trauer, die das Trauern so gewaltig, so zwingend das Leben besetzend machen; es sind die tausend kleinen Alltäglichkeiten, die die Wucht der Trauer als Lähmung und Aufgabe offenbaren: Es ist die Frühstückstasse, die nicht mehr wie gewohnt auf den Tisch gestellt werden kann, es ist die Jacke, die sie trug, es ist ein bestimmter Duft, den sie beide mochten ... und die ganze wegschwemmende Gewalt der Trauer ist da ...

Trauerprozesse sind – so sie gesund gelingen sollen – nicht abzuküzen. Im Durchleben geben sie die Chance der heilenden Umwandlung des Lebens und der bleibenden, liebegetragenen Verbindung mit dem Toten.

In dieser großen Gegenwart des Trauerns kommen Minderwertigkeitserfahrungen, kommen Verunsicherungen, ob man überhaupt noch lebensfähig sei ohne den verlorenen Menschen. Das vorherrschende Gefühl von Trauer macht scheu vor Lustigkeit, scheu vor geselligen Veranstaltungen, vor Festversammlungen. Trauernde sollen gut abwägen, ob und wie lange sie sich Gesellschaften zumuten wollen – z.B. bei einem Fest am Arbeitsplatz, bei einer Familienfeier, an Weihnachten. Die Trauernden müssen sich das Recht nehmen und das Recht haben, zu- oder abzusagen, zu kommen und früher wieder zu gehen, ohne sich rechtfertigen zu müssen. Die Festfeiernden müssen das Recht haben, ihre Lebensfreude zu feiern. Es gibt Formen des Feierns, in denen auch die Trauernden sein können – und wenn es für den Trauernden auch „nur" die vorbehaltlose und echte Zusage gibt, ohne große Erklärung das Fest verlassen zu dürfen. Feiern können in aller Bejahung des Lebens gelingen, froh und lustig sein, und trotzdem bewußt die Toten mit einbeziehen.[11] Grundsätzlich können Versammlungen für Trauernde offen sein, wenn sie wahrhaftig eingeladen sind, ihren Verstorbenen mitzubringen, z.B. im Erzählen von

---

[11] Hier gibt es sicher Unterschiede, in der akuten Nähe zum Trauer auslösenden Ereignis.

ihm. Trauernden reicht es, wenn es irgendwo im Rahmen der Feier einen oder mehrere Menschen gibt, bei denen die Trauer ausgesprochen sein darf. Wo dies möglich ist, löst sich auch etwas von der Besetzung, weil sie Luft bekommt und darin frei wird für andere Wahrnehmungen von Leben.

Trauernde sollen sich nicht überfodern. Es gibt Zeiten, da ist die Bestimmung des Lebens durch die Trauer so dicht und undurchdringlich, daß frei gewähltes Zurückbleiben die einzig sinnvolle Antwort auf den derzeitigen Gemütszustand ist. Auch schwermütige Stimmungen sind nicht an sich bedrohliche Vorboten des Weltuntergangs. Hier ist gewissenhaft und deutlich zu unterscheiden, wo keine Bewegung in der Trauer zugelassen wird, wo die Besetzung kein Durchgangsstadium ist, sondern den gesunden Trauerweg hemmt. Hier ist dringende Hilfe angezeigt, um aus der lebensverhindernden Bedrückung befreien zu helfen. Fragt man nach der Zeit, die eine solche Besetzung durch die Trauer einnimmt, so gibt es keine einheitlich gültigen Antworten. Die Unterscheidung zwischen ganz normalem Chaos der Besetzung durch die Trauer und der krankhaften, erschwerten Trauer liegt darin, ob sie in Bewegung ist, ob sie Kontakt zum Grund der Trauer hat und ob die Trauer überhaupt angeschaut und gefühlt wird. Es geht um das Auslösen und Bewegen der Trauer, nicht um das Auflösen oder Einmachen der Trauer.

Scham und Schuld

Neben den Empfindungen von Verlassenheit und Ohnmacht sind für viele durchaus negativ besetzte Gefühle mit in der Trauer. Zu ihnen zählen Scham und Schuld. Scham ist hier eine milde Form der Schuld. Sie breitet sich aus, wo Menschen unvollendet voneinander gegangen sind, wo der Abschied nicht so gelang, wie er gern vollzogen worden wäre. Es liegt im Erleben des Trauernden kein moralisches Versagen vor, es ist eher die Grenze, die nun einmal da war – und der Zurückbleibende empfindet Scham: Ich schäme mich, weil ich so wenig Kraft geben konnte, als sie im Todeskampf lag; ich schäme mich, weil ich mehr meine eigene Verlustangst als die des Sterbenden bedacht habe; ich schäme mich eines unangemessenen Geredes, einer Haltung, eines Ausspruches wegen ...

Scham ist da, hat nicht die infragestellende Dichte wie die Schuld.

Viele Trauernde haben mit Schuldgedanken zu tun. Viel Scham steckt darin, über diese Schuld zu reden. Es ist ein Versagen, das im Blick auf den Verlust eine nicht wieder gut zu machende Endgültigkeit hat. Das Verlangen nach Vergebung ist sehr drängend; aber der, der die Vergebung lösend aussprechen könnte, ist nicht mehr da.

Wir müssen unterscheiden in Schuld, die tatsächlich ungeklärt zwischen den nun Getrennten steht und in die Schuld, die nach gängigen Maßstäben objektiv keine ist. Oft sind es uralte „Rechnungen", die offen geblieben sind. Sie haben die dämonische Kraft, auch das gute Leben miteinander ins Zwielicht des Zweifels zu setzen. Da stimmte dann kaum noch etwas, was den Trauerweg ungemein holprig machen kann. Tatsächliche Schuld kann übrigbleiben – von unterlassener Hilfeleistung, die den Tod herbeiführte bis zur Verweigerung der erbetenen Vergebung; von unterschwellig ausgestoßener alter Aggression in der Zeit der Pflege bis zur Unehrlichkeit, die das Zusammenleben so unecht gemacht hat. Es sind pflegende erwachsene Kinder da, die ihre Wutgefühle gegen die Eltern in deren Hilflosigkeit ablassen. Es sind Partnerschaftskrisen, die über Jahre hin unaufgedeckt ein Doppelleben führen ließen. Es sind Leichtfertigkeiten, die die nötige Sorgfalt gegenüber einem Schwerkranken sträflich vermissen ließen. Das Leben schreibt hier unterschiedlichste Geschichten. Gut zu wissen, daß letztlich nichts undenkbar ist hinter den Fassaden noch so normal aussehender Menschen. Dieses Wissen stimmt auch gütiger im urteilenden Umgang mit anderen Menschen.

Wir treffen in der Trauer auch auf Menschen, die die Unfaßlichkeit des Todes oder des Verlustes nicht begreifen können. Die Seele verschließt sich, weil sie diese Schwere im Moment nicht ertragen kann. Wir begegnen Menschen, die einen Teil dieser Ungeheuerlichkeit in mehr oder weniger schweren Selbstvorwürfen und Schuldanklagen verarbeiten wollen. Hier liegt nach objektiven Maßstäben nicht das vor, was wir juristisch oder moralisch „schuldig" nennen. Trotzdem erklären die Betroffenen sich schuldig: Wenn ich zuhause geblieben wäre, hätte ich den Notarzt rufen und vielleicht das Leben noch retten können; wenn ich in dieser Minute das Krankenzimmer nicht verlassen hätte, um frische Luft zu tanken oder einen Kaffee zu trinken oder eine Zigarette zu rauchen oder auf die Toilette zu gehen, dann hätte sie nicht alleine sterben müssen; wenn wir den Fernsehfilm nicht angeschaut, sondern unser Baby im Arm gehalten hätten, dann hätte der Kindstod nicht brutal zuschlagen können; wenn ich nicht in der Schwangerschaft gedacht hätte, dieses Kind wird mir vielleicht zu viel, dann wäre es nicht tot geboren; wenn ich dem Jugendlichen den Gang in die Disco strikter verboten hätte, wäre er bei dem nächtliche Unfall nicht umgekommen; wenn ich nicht am Bett der lange unheilbar siechenden Mutter gewünscht hätte, sie möge doch endlich sterben, dann könnte ich jetzt getrösteter trauern ...

Schuldvorstellungen, die von außen betrachtet eher keine objektive Schuld bezeichnen, haben vielfach Wurzeln im gemeinsamen Leben vor dem Tod. In der Begleitung wird es wichtig sein, die in Verbindung mit dem Verlust genannten Schuldgefühle nicht wegreden zu wollen, sondern ein Bild dessen zu entwerfen, was vorher das gemeinsame Leben geprägt hat, wo Schwächen und Unverstehen, wo Wut und Aggression sich angesammelt haben, meist unausgesprochen. Der Blick auf das ganze Leben, nicht nur der Ausschnitt des Verlustes können einen befreienden Blick eröffnen.

In der Trauerbegleitung ist es für den Trauernden wichtig, jeden Ausspruch von Schuldgefühl ernstgenommen zu sehen. Beschwichtigungen helfen nicht weiter – weder die Beschwichtigung, die alles herunterspielt noch die, die die Unmöglichkeit einer Klärung angesichts des Todes wie einen ewig eingebrannten Makel bestehen lassen will: „Ja, damit müssen Sie jetzt leben! Ich wünsche Ihnen, daß Sie einen gnädigen Herrgott finden ..."

Tatsächliche Schuld braucht Klärung. Der erste Schritt der Klärung ist das Aussprechenkönnen, das – wie erwähnt – mit großem Schamgefühl belegt ist. In aller Verunsicherung des Trauererlebens ist das Aussprechen der Schuld noch eine weitere Form der verletzbaren Entäußerung. Ein großer Schritt ist daher getan, wenn Schuld ausgesprochen werden kann. Das geht da am hilfreichsten, wo diese Schuld angenommen und darin ernstgenommen wird. Die Begleitenden werden Hilfe sein können, indem sie die Schuldempfindungen mit teilen, mit tragen. Es gibt verschiedene Wege, mit deren Hilfe an der Entlastung von Schuld gewirkt werden kann, gerade da, wo die Bitte um Vergebung nicht mehr an den gerichtet werden kann, der die Schuld ertragen mußte. Hier bietet sich psychotherapeutische Hilfe an, hier kann auch das seelsorgende Gespräche sehr hilfreich sein – bis hin zur Erfahrung der Lossprechung, die elementare Befreiung da schenken kann, wo das Aussprechen von Schuld allein nicht erlöst. Da geht es nicht um ein mechanisches Abbeichten, sondern um das Anschauen und Lösen und Verabschieden von Schuld. Schuld, die zu bleibender Lebensgeschichte gehört, braucht nicht mehr ständig mitzugehen, nicht mehr quälend zu verfolgen. Schuld wird entlastend in die größere Liebe Gottes gestellt. Menschen in besonderen Lebenskrisen haben auch hier ein ungemein sensibles Empfinden für das, was echt und darin heilsam ist. Gilt es eine alte, das Leben insgesamt drückende, verneinende Schuld abzuarbeiten, ist wiederum eine professionelle Hilfe von Menschen angezeigt, die in der Sorge um die Seele erfahren sind.

Wut, Ohnmacht und Idealisierung

Es sind nicht nur zahme oder gebrochene Gefühle, die den Trauerweg säumen. Im Leben der Trauer liegen auf der Seele Schatten wie Wut und Ohnmacht. Bei allem Schmerz des Verlustes klagt der Trauernde auch gerade den Verlorenen an: Warum hast du mich verlassen? Warum hänge ich mit all unseren Sorgen alleine hier – mit dem Haus, mit den noch nicht erwachsenen Kindern, mit der ungeklärten Situation? Warum hast du dich aus dem Staub gemacht und mir jede Möglichkeit genommen, mit dir klärend, konfrontierend reden zu können? Warum machst du mir einen Strich durch meine blühenden Zukunftswünsche? Warum läßt du mich mit den zerstrittenen Kindern allein, denen ich – wie du genau weißt – nicht gewachsen bin? Warum läßt du mich ohne gesicherte Versorgung auf der Welt zurück? Warum muß ich alleine fertig werden mit der Einsamkeit, mit der Isolation, mit meiner Verunsicherung, meiner Leidgeplagtheit, meinen Schuldgefühlen ... Ich hasse dich, weil du mir zu Lebzeiten das Leben schwer gemacht, mich nicht anerkannt hast, mich nach deinem Bilde schaffen wolltest. Ich kann dir so schwer verzeihen, daß es dir gefallen hat, auf meinen Schwächen herumzureiten. Ich habe so viel Energie verwenden müssen, die Kinder vor deinem Jähzorn und deiner Ungerechtigkeit zu schützen. Ich habe unter deiner pedantischen Kleinkrämerei gelitten. Es hat mir sehr weh getan, wenn du Gefühle nicht mit mir teilen wolltest, wenn du meine Nähe ablehntest, mich wie eine Hilfskraft behandeltest. Ich habe viele Zumutungen aus deinem Stolz ertragen müssen ... Das sind keine lieben, zahmen Gedanken, das sind Worte voller Zorn und ohnmächtiger Hilflosigkeit, denn der Verlorene gibt dazu keine Antwort mehr, was den Zorn weiter aufstachelt ... und häufig die Schuldgefühle verstärkt und drängender macht und die Trauernden so hilflos in die Verlassenheit zurückzwängt. Trauernde wollen diese Schatten ihrer Trauer nicht, weil sie wie Liebesentzug und Schläge auf die Toten wirken. Das wirft in die Dunkelheit unverstehbarer und unkontrollierbarer Traurigkeit zurück. Die gängige Moral macht ihren Machtanspruch geltend und läßt den Trauernden gedemütigt und verletzt zurück. Der Trauernde erkennt nicht, daß diese Moral eine Schimäre ist. Es ist im Chaos der Trauer eine ganz normale, sogar heilsame Regung, auch diesen Schatten der Trauer Raum zuzugestehen. Es ist nicht richtig, daß man über Tote nie etwas Böses sagen darf. Wenn in ihnen Böses steckte, dann muß es benannt sein dürfen. Wenn das Böse das Leben der Zurückgebliebenen quälte, muß auch das eine Sprache finden dürfen. Wenn beim Trauernden die Verlassenheit in der Wut auf den Verlorenen Ausdruck finden muß, dann ist das echt und angemessen. Im Gesamten gesehen sind diese Ausbrüche kein Beschmutzen der Verbindung mit dem Toten, sondern ein realer, ein aushaltender, ein überaus vertrauender Blick auf und mit ihm. Viele haben zu Lebzeiten in ihren Beziehungen nicht gelernt, mit diesen Schattenkräften der Seele umzugehen. Gute, liebende Beziehungen kennen diese „Zwischentöne" auch. Gut, wer lernen durfte, sie nicht als grundlegende Bedrohung des Ganzen zu fürchten, wenn sie denn einmal reinigend ausgesprochen sind. Die Unterdrückung dieser Erfahrungen gelangt schon bei Lebenden in einen gefährlichen Kessel ungelebter Gefühle, der irgendwann, an einem nicht zu ahnenden Punkt hochgeht, mit einer Heftigkeit, die dem Anlaß gänzlich unangemessen ist. Dann folgt Zurückweisung dieses Ausbruches. Dann folgt das Gefühl der Selbstdemütigung, weil wieder einmal mit diesem Gefühl kein Umgang, keine Begegnung möglich war. Dabei kommt die brutale Gewalt dieser Gefühle gerade da, wo sie nicht ausgelebt werden konnten, wo sie angezeigt waren. Das gilt auch für den Trauerprozeß. Die Unterdrückung, ja sogar die Schuldbelegung solcher Empfindungen brodeln einen Kessel auf, der irgendwann, auch im Trauerzusammenhang oder viel später an einer Stelle, wo niemand mehr an die Trauer als Auslöser denkt, explodiert. Dieses heftige Wort ist nicht zu scharf für das, was da an angestauter, lebenverzehrender Energie frei wird. Nicht selten sind zerstörerische Krankheiten begünstigt durch nicht gelebte Schatten, auch Schatten in der Trauer. Depressionen können sich ebenso lähmend auf solche brodelnden Seelenkessel legen wie psychosomatische Krankheiten des Körpers.

Es ist uneingeschränkt heilsam, diese Gefühle des Schattens anzunehmen, sie auszusprechen, mit ihnen zu arbeiten, um die Verbindung zu dem Toten auf ein gesundes Fundament zu stellen und um das eigene Leben gesund zu halten. Es gibt Zusammenhänge, da fällt es unsäglich schwer, der Wut und Aggression Raum zu geben. Oft sind es uralte Muster der Unterdrückung, die ihren hohen Wert als Lebensschutz hatten. Aber sie sind trotzdem nicht lebensfördernd. Da ist es oft segensreich, sich fachliche Hilfe bei PsychotherpeutInnen und Seelsorgenden zu holen.

Neben der aufschäumenden Wut gibt es die Ohnmacht, eine Erfahrung, die das Trauern so schwergängig machen kann, selbst dann, wenn der Trauernde mit viel Mut und gutem Willen das Beste machen möchte. Die Ohnmachtserfahrung ist eng verbunden mit der Wut. Enttäuschungen verbinden sie gerne miteinander. Die Beschreibung der Isolation hat auch bezeugt, mit wieviel Hilf- und Machtlosigkeit der Trauernde umgehen muß: Ich komme nicht alleine zurecht, nicht in den einfachen lebenspraktischen Dingen, nicht im Übermaß meiner Trauer, nicht mit der einnehmenden Gewalt, die die Trauer über mein ganzes Lebensgefühl ausbreitet. Warum hilft mir keiner – kaum einer? Warum muß ich um jede Hilfe betteln? Warum sprechen Leute so schnell von sich, wenn ich meine Trauer erwähne? Warum werde ich mit meinen Bedürfnissen und Regungen ausgesprochen oder unterschwellig als unangenehm, als unangemessen wahrgenommen …? Vielfältig die Erfahrung der Ohnmacht, weil die Begegnung mit dem Tod, mit dem Verlust, eine letzte Grenze markiert, die wirklich keine Macht der Erde bezwingen kann. Ohne Macht – ein drängendes, unsprengbares Gefühl, dem es gilt, Ausdrucksformen zu geben in Sprache, in Musik, in Malerei – in jeder dem einzelnen angemessenen Form. Ohnmacht ist von Begleitenden nicht wegzudiskutieren. Ohnmacht schwindet mit dem Grad, mit dem die Trauer einen Weg zu einer neuen Lebensform finden wird – da nämlich, wo der Trauernde mit der Kraft und Macht seiner neu geformten Seele und seiner Lebensmöglichkeiten wieder anders, neu zu gestalten wagt.

Als Schatten der Trauer erweist es sich, wenn all diese Gefühle von Wut, Aggression und Ohnmacht keinen Platz haben dürfen. Sie flüchten nicht selten in die Idealisierung des Verlorenen. Kein Mensch, keine Verbindung erträgt Idealisierung. Sie mag eine Übergangsstimmung sein in der schwelgenden Liebe oder in der Unerträglichkeit des Todes. Sie auf Dauer aufrecht erhalten zu wollen, ist ungemein anstrengend. Die Seele und der Verstand wissen meist sehr gut, daß das Bild vom anderen nicht stimmt, weil er eben Mensch ist, als solcher nicht dauerhaft ideal. Eine tragende Verbindung hat die Chance zu gelingen, wo der andere Mensch gesehen werden kann, wie er wirklich ist. Die Trauer will Verbindung neu schaffen. Sie kann dies nur sicher, wenn beide Beteiligten sich anschauen dürfen, wie sie sind. Die Idealisierung zieht meist eine Selbstwertminderung nach sich – kein glücklicher Anblick, schon gar keine Basis, gut und achtsam, einander wertschätzend zu sein. Idealisierungen haben ihren Grund, haben auch in der Trauer ihre sinnstiftende, begrenzte Zeit, aber sie sind nur dann hilfreiche Kraftquellen, wenn sie sich wieder auflösen und dem einzelnen helfen, sich selbst im Gegenüber als eigenständiger Mensch zu erleben. Die gesunde Trauer entläßt in Verbindung, aber je ganz eigenständig.

Der Wunsch nachzusterben

Daß die Trauer einen Menschen in ein riesiges Chaos stoßen, ihn allein und hilflos auf sich selbst verwiesen sein lassen kann, haben die vorangegangenen Ausführungen deutlich werden lassen. Trauernde wissen um die Gewalt dieses Chaos in Körper und Seele. Viele fühlen sich damit immer wieder an den Rand des noch gerade Aushaltbaren getrieben. Viele kennen auch den sehnlichen Wunsch, diesem so unbeeinflußbar scheinenden, sich immer weiter ausbreitenden Trauerschleier zu entkommen. Der Wunsch, dem Verstorbenen bald in den Tod folgen zu dürfen, gehört mit in die normalen Reaktionen der Trauer. Die meisten Trauernden kennen das leere Gefühl am Grab ihres Toten, hören sich dort sehnsüchtig reden, dem Toten folgen zu dürfen. Manche lesen aufmerksam die Todesanzeigen und sind wie aufgerufen berührt, wenn ein Ehepaar kurz hintereinander stirbt. Auch der Gedanke, dem eigenen Leben ein Ende setzen zu wollen, ist in dieser Zermürbung des Trauererlebens nicht fremd. Es gilt hier sorgsam zu unterscheiden, wo dieser Wunsch nach Selbsttötung eine fachliche Hilfe braucht. Ein alarmierendes Zeichen ist z.B., wenn ein Wunsch nach Beendigung des Lebens keine Unterbrechung kennt. Vorzubeugen ist da schon mit dem Angebot, achtsamer Beistand zu sein; vorzubeugen ist auch vom Trauernden, indem er immer versucht wach zu bleiben, um Angebote der Begleitung wahrzunehmen und zu nutzen. Der Wunsch, in den Tod folgen zu dürfen, kennt auch andere, nicht so offensichtliche Formen. Hinter mancher Krankheit, hinter manchem Unfall verbirgt sich der Wunsch des Nachsterbens. Viele Trauernde werden tatsächlich krank, weil die Mühe des Trauerns auch dem Körper viel Kraft entzieht. Es gehört in das ganz normale Chaos der Trauer, daß Müdigkeit, Antriebsschwäche und Anfälligkeit für Krankheiten den Prozeß begleiten. Es gilt, all diese Symptome wahrzunehmen und so gut als möglich liebevoll mit ihnen umzugehen. Sie sind Teil einer riesengroßen Trauerarbeit, die geleistet werden muß, damit das Leben weitergehen kann.

Der Wunsch nachzusterben ist also allzu verständlich angesichts der Gewalt, die die Trauer als Lebensaufgabe zumutet. Dieser Wunsch ist aber auf dem gesunden Trauerweg nur ein Teil der Wahrheit. Die Wahrheit hat in gesunden Tagen immer den Willen zum Leben in sich. Es bedarf eines behutsamen Prozesses, bis sich der Trauer „wie von selbst" ein Weg aufschließt. Es ist tatsächlich so, daß die Seele irgendwann begreift und den Trauernden – z. B. über Träume – mitteilt, daß sie weiter leben sollen. Oft sind es die Toten selbst, die begegnen und auffordern, zurück ins Leben zu gehen. Die biblischen Auferstehungsbotschaften illustrieren dieses Geschehen sehr eindrücklich[12]: Die Frauen gehen zum Grab, wollen Totenklage halten, ihre Trauer dorthin tragen. Die Vorstellung fällt nicht schwer, daß diese Trauernden am liebsten mit in das Grab gingen. Der Engel tritt auf, im Erdbeben wird etwas gänzlich Neues,

---

12 Vgl. Matthäusevangelium, Kapitel 28, Verse 1–10.

54

Unerwartetes angezeigt: Die Trauer, die den Toten wiederhaben will, indem der Tod beide vereint, ist fehl am Platz. Der Engel schickt die Trauernden zurück nach Galiläa. Dort werden sie den Meister sehen. Der Lebende, der Auferstandene, begegnet ihnen inmitten ihres Lebens. Der auferstandene Christus zeigt sich ihnen dort. Dann erst erkennen sie die selbst durch den Tod nicht auflösbare Verbindung zum Verstorbenen. Das Nachsterben ist nicht mehr nötig, um mit dem Toten verbunden zu sein. Es gibt eine neue, andersgeartete, aber aus den Quellen gemeinsamen Erlebens genährte Verbindung über den Tod hinaus. Viele, die Trauer durchlebt haben, wissen diese befreiende Wahrheit zu bestätigen. Eine Frau, die sehr unter dem Tod ihres Mannes gelitten hat und wegen seiner jahrelangen Pflegebedürftigkeit eine sehr enge Verbindung zu ihm hatte, erzählt eines Tages – noch mitten in der Unfaßbarkeit der Trauer –, ihr Mann habe mit ihr am Tisch gesessen, ihr Flehen, er möge doch wenigstens noch für einmal zurückkommen, nur mit Kopfschütteln beantwortet. Dann habe er sanft und liebevoll gesagt: Wir werden einmal wieder zusammensein. Aber das ist noch nicht so bald. Mach dir noch schöne Tage, mach sie dir so schön, wie du sie mir immer bereitet hast. Eine sehr berührende, aber die Trauer tragende Gewißheit der Verbindung zeigte sich hier.

Eine andere Trauernde berichtet einen kämpferischen Traum, in dem die List ihres Mannes die Familie vor der Willkür eines Terrorkommandos retten kann. Als alles in Sicherheit schien, lud die Frau den Mann ein, mit ins Haus zu kommen. Er sagt, sie mögen getrost dorthin gehen. Er könne da nicht mehr hin. Er habe andere Aufgaben. Sie sollten aber wissen, daß er sie immer beschützen werde …

In der Regel können gesund Trauernde diesen Wunsch des Nachsterbens gut als einen Teil ihres Weges erkennen und aus eigener Festigkeit und mit achtvollem Beistand diese Phase bewältigen.

Wenn Unfälle sich im Bannkeis der Trauer befinden (das kann auch nach mehreren Jahren sein, wo in der Regel keine Verbindung zu Trauer mehr vermutet wird), ist eine gezielte, meist sehr begrenzt zu haltende therapeutische Hilfe angezeigt, um den traumatisierenden Teil des Unfallerlebens bearbeiten zu können. Der unterschwellige Impuls des Nachsterbens kann begriffen und als Weg zur Ermutigung ins Leben geöffnet werden. Ein junger Mann erlitt einen kaum tragisch zu nennenden Unfall bei Glatteis, war aber durch dieses Geschehen ungewöhnlich stark geängstigt. In einer Therapie konnte das Trauma des Unfalls erkannt und aufgearbeitet werden. Der junge Mann empfand eine unabgeschlossene Trauer um seinen Vater, bei dessen Tod er nicht anwesend sein konnte, obwohl er das versprochen hatte. Er hatte den Impuls in sich, der tote Vater riefe ihn zu sich. Durch die Therapie gelang es, dem Trauernden den Zuspruch, die Erlaubnis, die klare Sendung in sein Leben, seine Familie durch den Vater zu geben.[13]

Umwandlung des Lebens

Das Chaos der Trauer hat als Endbild nicht die Zerstörung und den Untergang. Durch das ganz normale Chaos der Trauer hindurch geschieht – zumindest in der gesunden Trauer – eine Umwandlung des Lebens. Die Oberflächlichkeit ödet an und wird zur Qual. Die Wahrnehmung dessen, was das eigene Leben bestimmt, was ihm gut ist, ist feinsinniger. Nicht selten werden alte Lebensmuster klarer spürbar. Die heftige Bewegung durch die Trauer weckt in

---

[13] Diese Therapie geschah mit Mitteln des Psychodramas. Auf der Bühne war es „wie von selbst" zu einer gewissen Zeit möglich, daß der Klient in der Rolle seines Vaters die Sendung in seine sehr lebendige und lebensfrohe Familie aussprach.

manchen die Bereitschaft, näher auf die oft schon als lebenshindernd erkannten Lebensmuster zu schauen. Therapeutische oder seelsorgende Hilfe von in der Trauerbegleitung erfahrenen Frauen und Männern wird annehmbarer. Hilfe zu suchen wird einfacher, weil die Trauererfahrung zeigt, daß der Mensch mit Grenzen lebt und fachkundiger Beistand lebensermutigend, manchmal gar lebenserhaltend ist.

Es gibt beeindruckende Lebensgeschichten, die im tapferen Durchleben des Trauerprozesses eine enorme Lebensreifung und Befreiung gefunden haben. Manche Trauernde trauen sich kaum, einen solchen „Gewinn der Trauer" für denkbar zu halten, weil es wie ein Verleugnen der Einmaligkeit des Verlorenen aussehen mag. Daher ist zu betonen, daß durch die neuen Erfahrungen aus der Trauer nichts von der Kraft des Verlustes dieses einen Menschen verlorengeht. Die Toten selbst sind es ja oft, die gerade zu dieser neuen Sicht und Zugehensweise auf das Leben ermutigen – z. B. in den Träumen.[14] Die unter Mühen geschaffte Umwandlung des Lebens knüpft auch eine neue Verbindung zwischen der nun anderen Wirklichkeit des Toten und der nun auch anderen Wirklichkeit der Lebenden, eine lebendige Verbindung zwischen Himmel und Erde. Trauer ist darin ein überaus schöpferisches Tun – mit allen Wehen des Neugeborenwerdens.

Neue Lebenswerte eröffnen sich. Neue Formen der Kreativität als Schlüssel zu neuer Erfassung des Lebens können sich anbieten. Neue Kreise von wichtigen und nahen Menschen können sich bilden, während altgewohnte Bekanntschaften verblassen mögen. Da wächst wirklich etwas Neues. Das bedeutet keinesfalls, daß das bisherige Bezie-

---

[14] Vgl. im vorigen Kapitel den Traum einer Trauernden, die von ihrem Mann vor einem Terrorkommando geschützt und alleine ins eigene Leben (im Symbol des Hauses) geschickt wird.

hungsgeflecht von Anfang an schlecht oder enttäuschend gewesen wäre. Nur hat die Entwicklung der eigenen Lebensgeschichte durch den Trauerweg eine Veränderung nötig und möglich gemacht. Wenn man es so sehen kann, hört auch die bittere Klage über Menschen auf, von denen der Trauernde mehr erwartet hatte, sich jetzt im Stich gelassen fühlt. Das Leben hat durch den Trauerprozeß einen neuen, eigenen Halt gefunden. Es ist wichtig, in diesem Zusammenhang die bisherige Bedeutung von Menschen als Freunde und Bekannte nicht nachträglich schlecht zu machen – so als habe die Trauer die Augen geöffnet, daß die anderen schon immer nicht begreifend, nicht einfühlend, nicht nahe gewesen wären; so als hätten sie immer nur sich und ihren Nutzen aus der Beziehung gezogen. Ein solcher Blick zurück im Zorn wird den Menschen in aller Regel nicht gerecht. Richtig ist die Erkenntnis, daß auch Beziehungen ihre begrenzte Zeit haben können. In diesem Zusammenhang ist auch die Ungleichzeitigkeit und Unterschiedlichkeit von Trauer um ein und denselben Menschen zu bedenken. Da gibt es keine gute oder schlechte Trauer. Es gibt im Blick auf Trauerbegleitung für den je eigenen Blick eine hilfreiche oder nicht hilfreiche Begleitung.[15] Die Enttäuschung, daß Freunde nicht gaben, was die Trauernden erhofft hatten, tritt zurück in der Erfahrung, daß neue Menschen wichtig und begleitend sind.

Das Trauererleben öffnet für neue Begegnungen, wenn die Enttäuschung über nicht erfüllende Beziehungen nicht dauerhaft jeden Blick blendet. Es bewahrheitet sich oft, was der biblische Weisheitsdichter Kohelet sagt[16]: Alles hat seine Zeit – auch eine Zeit der intensiven Freundschaft, eine Zeit der Trauer, eine Zeit neubelebter alter Freunde oder eine Zeit neu gefundener Gefährten.

---

[15] Vgl. ausführlich dazu Kapitel 3.4.3 „Meinen wir den Gleichen?"
[16] Vgl. Kohelet 3, 1–15, „Die Bibel", Einheitsübersetzung, Freiburg 1980.

Die Umwandlung des Lebens verleugnet nicht eine klare Einbindung in die Lebensgeschichte mit den Freunden, aber auch mit dem Toten selbst. Die Einbindung bedeutet aber auch, daß es keine gefangennehmende Verhaftung in die Lebensgeschichte ist, in der es keine Entwicklung mehr geben dürfte. Die Bedeutung der gemeinsam erlebten Geschichte in allen ehrlichen Schattierungen ist später, nach vollzogener Trauer, eine der größten Verbindungsgewißheiten mit dem Toten. Der Tote bleibt in den Zurückgebliebenen lebendig. Das ist der Trost, die Gewißheit der Lebensverbindung über den Tod hinaus. Vielleicht liegt in dieser Erfahrung lebendiger Erinnerung – nicht zu verwechseln mit „im Gedächtnis behalten" – die Weisheit und Tiefe des glaubenden Vertrauens, daß die Liebe stärker ist als der Tod.

Vor der Umwandlung des Lebens scheuen sich Trauernde eine lange Zeit auf ihrem Weg. Das ist gut und verständlich, weil die Umwandlung selbst wie ein neuer, noch zusätzlich aufgeladener Verlust des Gewohnten erscheint. Da ist es tröstlich, auf den gesunden Trauerweg zu vertrauen, auf dem irgendwann – dann, wenn es Zeit ist – meist der Verstorbene selbst es ist, der den Weg neu öffnet. Wir haben von solchen beeindruckenden Freigaben ins Leben bereits gehört.[17]

Das Leben wird anders gehen, wird ab da auch die gemeinsame Geschichte ändern – wie Wege, die sich gabeln und in unterschiedlichen Wirklichkeiten weitergehen. Die Kraft und Ermutigung für den neuen Teil des Lebens gibt meist der gemeinsam erlebte Teil der Geschichte mit dem Toten. Hieraus nährt sich der Mut, das Leben anders, neu zu suchen.

---

[17] Vgl. „Der Wunsch nachzusterben".

III
Bewältigungsstrategien
für Trauernde

Wenn nach der Lektüre der vorangegangenen Ausführungen deutlich geworden ist, daß sich das Angehen von Trauer im Sinne eines tieferen, reiferen Sehens und Begreifens von Leben lohnen könnte, so soll nun in der Folge angeschaut werden, wie Trauerarbeit geschehen kann, welche Aufgaben daraus entwachsen und wie ein trauernder Mensch die Aufgaben aufnehmen kann. Diese Aufgaben werden nicht etwa als Anforderungen anderer von außen an den Trauernden herangetragen, sind also nicht zu verwechseln mit all den „du mußt" und „du solltest", die ein Zurückgebliebener tagtäglich zu hören bekommt. Sie entsprechen in der Regel den eigenen Wünschen, irgendeinen Umgang, nämlich seinen ganz eigenen, mit dem Verlust zu finden, um in dieser Welt ohne den anderen überhaupt verweilen zu können. Dieser eigene Umgang wird dann mit der Zeit wie zu einem gut eingelaufenen Schuh, mit dem man selber meilenweit unbeschwert gehen kann, der einem anderen Menschen mit gleicher Schuhgröße, Wegstrecke und Ziel aber Blasen oder Zerrungen einbringen mag.

So sollen die anschließenden Gedanken keine Trauerratschläge darstellen im Sinne von: Tun Sie dies oder jenes, so wird sich dieser oder jener Erfolg einstellen. Es wird vielmehr beschrieben, welchen Weg andere trauernde Menschen gegangen sind, wie sich andere in ähnlichen Situationen ihrer Trauer gestellt und sich aus ihrer Art der Auseinandersetzung gelingende Lebensentwürfe entwickelt haben.

Wir werden in der Folge auf die Worte Bewältigung und Strategie verzichten. Es ist immer wieder von neuem erstaunlich, wie in Literatur und Praxis von Bewältigung und Überwindung von Trauer und Traurigkeit gesprochen wird, nie hörte man jemanden Vorschläge zur Überwindung von Freude unterbreiten. All diese Worte führen einen Anspruch von Sieg, Erfolg und Triumph mit sich, erinnern an Kriegsführung und Feldherrenkunst und stellen die Trauer auf die feindliche Seite. Es geht nicht darum, sich gegen sie aufzulehnen, sondern ihre Patenschaft anzunehmen. Es geht um Erarbeitung des Trauerweges, der Trauermöglichkeiten und der Trauerausblicke. Trauernde müssen sich nicht nur ausgeliefert fühlen, nicht nur Angst davor haben, überwältigt zu werden oder sich von anderen oder sich selbst in die Passivität von Phasenmodellen drängen zu lassen. Trauernde können tätig sein, können die Trauer gestalten. Die Eigenbeteiligung an der Trauer als hilfreiche Haltung schließt natürlich nicht aus, daß es Zeiten und Situationen geben darf, in denen einem nicht nach Aktivität, Rührigkeit und Handeln zumute ist, in denen es einen danach verlangt, in den Trauerfluß zu steigen und sich einfach eine Weile tragen und wiegen zu lassen, ohne fortgeschwemmt zu werden.

Unwiederbringlich – Von der Aufgabe, den Verlust als Realität zu sehen

Die bitterste Erfahrung von allen in der Trauer ist die der Unwiederbringlichkeit, das ‚nie wieder', das ins Bewußtsein dringt. Obwohl Trauerarbeit nicht nur an den Verlust durch Tod gekoppelt ist, sondern einen Umgang mit allen anderen Verlusterfahrungen meint, zeigt dieses ‚Unwiederbringlich' nur in Verbindung mit der Endgültigkeit durch Tod seine schärfste und heftigste Komponente. Bei anderen Verlusterfahrungen wie Trennung, Scheidung, Verlust der Heimat und Abhandenkommen von Perspektive und Sinn gibt es häufig noch eine leise und vorsichtige Hoffnung auf Abwendung des Schmerzes oder Umwendbarkeit.

Selbst nach der Diagnosemitteilung einer unweigerlich zum Tod führenden schweren Krankheit und deutlich infauster Prognose erleben Mitarbeiter in der Sterbebegleitung häufig mit Staunen und Schrecken zugleich die Geburt einer offenkundig irrealen Hoffnung beim Patienten und/oder den Angehörigen.

Sterbenskranke erbitten Reiseprospekte, schmieden Ferienpläne, erwägen einen lange überfälligen Umbau des Hauses, eine Wohnungsrenovierung oder den Kauf eines neuen Autos.

Zum fassungslosen Entsetzen von Familie und Freunden setzte der 21jährige Steven drei Monate vor seinem Tod den Kauf eines sehr teuren Motorrades durch, obwohl allen Beteiligten klar sein mußte, daß wegen eines weit fortgeschrittenen Ewing Sarkoms im rechten Bein und des bereits durch Metastasen erfolgten Bruchs des Beckens nie mehr eine Nutzung dieser Maschine durch ihn in Frage kommen würde. Man sah nur eine Erklärung für diese Ungeheuerlichkeit: er sei nicht ausreichend aufgeklärt über Zustand und Perspektive seiner Krebserkrankung. In Wahrheit war er gut informiert worden. Wahrscheinlich griff hier das Prinzip Hoffnung und konnte sich nur durch die – wenn vielleicht auch aberwitzige – Umsetzung der Kaufidee etablieren und ihm den Abschied von seinem noch so jungen Leben erleichtern.

Hoffnung schafft Zukunft, wobei es zunächst gleichgültig ist, ob diese Zukunft real oder unwirklich ist und welche Zukunft letztlich gemeint ist.

Verleugnen als Schonraum der Seele

In einem Hospiz liegt die 30jährige Tochter eines Mannes im Sterben, der sich auf einer für seinen Arbeitgeber wichtigen Agrarmesse im Ausland befindet. Als sich der Zustand der jungen Tochter drastisch verschlechtert, versuchen die Mitarbeiter, den Vater zu erreichen. Es ist sehr schwierig, ihn ausfindig zu machen, schließlich meldet er sich und verspricht, die nächstmögliche Maschine nach Deutschland zu nehmen und dann auf dem schnellsten Weg zum Hospiz zu kommen. Als er am Abend des nächsten Tages gegen 20.00 Uhr eintrifft, ist die Tochter verstorben und schon seit Stunden in ihrem Zimmer aufgebahrt. Behutsam führt die diensthabende Schwester den Vater, einen kleinen, abgearbeitet wirkenden Mann, zum Zimmer der Tochter. Die Türe steht halb offen, das Bett am Fenster ist vom Flur aus zu sehen. Nun geschieht etwas Seltsames: Während die Schwester wartend und einladend an der Tür stehen bleibt, geht der Vater rasch den Gang hoch, ohne das Zimmer auch nur eines Blickes zu würdigen. Am Ende des langen Ganges verharrt er in starrer Bewegungslosigkeit, um dann nach Minuten den Gang ebenso eilig erneut hinunterzuschreiten, wieder am Zimmer vorbei, mit abgewandtem Kopf. Dieser Vorgang wiederholt sich mehrfach. Nachdem er einige Male am Zimmer vorbeigelaufen ist, wirft er einen kurzen Blick in den Raum. Auch dies geschieht wiederholt, er zeigt fast keine Reaktion, bis auf die verstohlenen Blicke. Später werden seine Schritte auf dem Flur langsamer, in Höhe der Zimmertür gerät er ins Stocken, wandert aber weiter den Gang auf und ab. Schließlich bleibt er in Höhe der Türe stehen, jedoch an der gegenüberliegenden Wand. Von dort mustert er lange das Bett und den darin ruhenden Leichnam seiner Tochter. Eine steile Falte steht zwischen seinen Augenbrauen, die Züge sind streng, wie erstarrt. Die Schwester

*fühlt sich unbehaglich, versteht nicht, was vor sich geht,
hat aber eine leise Ahnung, daß sie hier nichts unterbre-
chen oder beschleunigen darf und setzt sich still auf den
Stuhl am Bett.*

*Lange Zeit später sieht sie, daß der Vater mittlerweile in
der Türfüllung steht und sein totes Kind mit einem sehr
wehen Ausdruck betrachtet. Das Zimmer betritt er in dieser Nacht nicht mehr. Zur weit vorgerückter Stunde bringt
ihn die Schwester in das für ihn vorbereitete Gästezimmer.
Am nächten Morgen beginnt der Vorgang der Annähe-
rung von neuem. Der Vater benötigt noch einen ganzen
Tag und einige Abendstunden, um das Zimmer zu betreten und am Bett seines Kindes anzukommen. Dort sitzt er
dann noch die ganze folgende Nacht, stumm auf die Tochter niederblickend und tränenüberströmt, in Gedanken
versunken.*

So wie dieser Vater körperlich und räumlich die Annähe-
rung an seine verstorbene Tochter vollzieht, so sucht auch
die menschliche Seele einen Weg, die Bewußtwerdung des
Verlustes zu verwirklichen. Die Wahrheit muß erst zur
Wirklichkeit werden. Dieser Weg ist keineswegs geradlinig,
sondern verwinkelt, unterbrochen, mit seitlich abgehenden
Sackgassen versehen und von zahlreichen Umleitungen
durchsetzt. Die seelische Anpassung an die Verlustwirklich-
keit, an den Schmerz und die Empfindung der Leere, geschieht nur äußerst zögernd und in einem Rhythmus von
Hinschauen und Wegschauen. Der erste Aufprall der Begegnung mit dem Tod eines geliebten Menschen ist derart überwältigend, daß eine Art von natürlichem Ausklin-
ken, Stillegen erfolgen muß. Hinterbliebene funktionieren
manchmal wie Opfer nach einem Autounfall. Nach dem
Zusammenstoß steht der Verletzte auf, geht weg und sagt:
„Wer, ich? verletzt? Es geht mir gut." Aber nach einiger Zeit
holt der Schmerz ihn ein.

Seit S. Freud ist das Wort ‚Verleugnung' (Verdrängung) negativ belegt. Er beschreibt es als Verweisung einer peinlichen, schmerzlichen, sich selbst nicht eingestehen wollenden Vorstellung aus dem Bewußtsein ins Unbewußte und sieht als einzige Möglichkeit, eine Störung abzuwenden oder aufzulösen, die – wenn nötig sogar erzwungene – Rückholung des Themas in die Bewußtheit.

In der Trauerbegleitung erleben wir den Prozeß des Nichtwahrhabenwollens häufig als heilsamen Versuch, das Nichtaushaltbare vorläufig auszuhalten. Ebenso wie der Sterbende angesichts seines unausweichlich auf ihn zukommenden Endes dieses von Zeit zu Zeit gedanklich und gefühlsmäßig ausblenden muß, um sich ihm dann wieder seelisch erholt zu stellen, reden sich Hinterbliebene vorübergehend durchaus erfolgreich und sinnvoll ein, dies alles sei nur ein schlimmer Traum oder ein böses Mißverständnis.

In einer Trauergruppe erzählt eine verwaiste Mutter, wie sie die Nachricht vom tödlichen Unfall ihres einzigen Sohnes erhielt. Der Polizist habe bei ihr im Wohnzimmer gesessen, den Hergang des Unfalls geschildert, ihr erklärt, daß man den Jungen nicht habe aus dem brennenden Auto befreien können und untätig habe zusehen müssen, wie er seinen Verletzungen erlegen sei. Auch habe ihr der Beamte die angekohlten Papiere überreicht, auf denen das Foto ihres Sohnes deutlich zu erkennen gewesen sei. Dennoch sei ihr die ganze Zeit so gewesen, als handele die schreckliche Nachricht vom besten Freund ihres Sohnes und nicht von ihm selbst. Die Nachricht habe sie zwar erschüttert, aber ihr erster Gedanke sei gewesen, wie ihr Sohn diese schlimme Mitteilung wohl aufnehmen werde. Auch Stunden später, in denen sie alleine im Wohnzimmer saß, habe sie immer wieder an die arme Mutter des Jungen denken müssen, wie dieser wohl nun zumute sei. Bei diesen Vor-

stellungen sei ab und zu wie ein Blitz der furchtbare Gedanke in ihr Bewußtsein durchgedrungen: „Diese Mutter bin ja ich selbst". Sie habe diesen Gedanken gleich darauf wieder weggedacht. Noch am Tag der Beerdigung, an der auch – wie sie heute wisse – der besagte Freund und dessen Mutter teilnahmen, habe sie den jungen Mann einfach nicht gesehen und dessen Mutter mit großem Mitleid betrachtet und sich vorgenommen, ihr in den nächsten Wochen beizustehen.

Im nachhinein reflektierte sie innerhalb der Trauerbegleitung, daß sie erst durch das Hineinversetzen in die Person der anderen Mutter ein Gefühl zu ihrem eigenen tiefen Schmerz habe entwickeln und diesen schließlich auch spüren können. Indem sie immerzu überlegte, was der fremden Mutter wohl gut tun könnte, habe sie zunehmend verstanden, daß sie in ihrer Trauer nun nichts leisten müsse und daß sie in ihrem Schmerz verharren dürfe.

Die menschliche Seele ist in der Lage, auch das unvorstellbar Schlimmste auszuhalten, nur nicht auf einmal. Sie teilt sich das große Leid sozusagen in „Bewältigungshappen" auf, indem sie zwischenzeitlich die Wirklichkeit ausschaltet und das Bewußtsein erst kurz darauf wieder auf einen kleinen Teil des Leides richtet.

Trauernde und Begleiter sollten darauf achten, dieses Vorgehen nicht zu verwerfen und nicht auf einem Aufdecken zu beharren, sondern es wertschätzen als Selbstregulierungsprozeß, der Kraft und Mut zeitigt. Die vorübergehende Verleugnung in der Gegenwart kann den Antrieb verursachen, in die Zukunft einzutreten. Natürlich birgt dieser Prozeß, so er sich nicht im Rhythmus von Verweigern und Wiederdaraufzugehen abspielt, auch die Gefahr, die Energie von der Gegenwart und Realität abzuziehen und den trauernden Menschen in eine Scheinwelt flüchten zu lassen. Die wichtigste Aufgabe des nun in seine Trauer eintretenden Menschen ist es, langsam das Schreckliche zu begreifen und als wirklich geschehen anzusehen.

Eine liebevolle Umwelt, die für das Verleugnungsverhalten Verständnis zeigt und den Realisierungsprozeß nicht sofort einfordert, die Grabgestaltung und nicht zuletzt die Rituale werden dem Trauernden bei dieser Aufgabe helfen. Die Erfahrung zeigt, daß die Verleugnung ihre heilende Wirkung vollziehen kann, je weniger sie als Fehlhaltung bekämpft und je weniger ihr widersprochen wird. Eine erschwerte Trauer wird nur dann ausgelöst, wenn der Trauernde in seinem Prozeß hängen bleibt.

Als der vorhin erwähnte Steven das Bett nicht mehr verlassen konnte und immer schwächer wurde, ließ er sich eines Tages von seinem Vater in die Garage tragen und auf eine Decke neben das neue Motorrad legen. Weinend berührte er die Maschine, wischte mit dem Bademantelärmel einen Flecken am glänzenden Auspuffrohr ab und ließ sich zweimal vom Vater versprechen, daß später sein Cousin das Motorrad bekommen solle. Er bat den Vater, dies nach Rückkehr ins Haus schriftlich niederzulegen und ihn unterschreiben zu lassen. Am gleichen Abend schrieb er noch eine Liste mit seinen persönlichen Gegenständen und legte fest, wem sie zugesprochen werden sollten.

Das Schreckliche be-greifen

In meine Trauertherapie kommt eine ältere Dame wegen unerklärlicher Anfälle von Traurigkeit und Angst. Der frühere, alte Hausarzt, der sie seit langem kennt, hat ihr geraten, sich mit dem 40 Jahre zurückliegenden Tod ihres Mannes auseinanderzusetzen. Mir berichtet sie, daß sie zwar damals einen Brief von der Wehrmacht bekommen habe mit der Nachricht, daß er gefallen sei, aber sie glaube eigentlich nicht daran. Sie vermute, daß er einer Verwechs-

lung zum Opfer gefallen sei und irgendwo notgedrungen ein neues Leben aufgebaut habe. Nie sei der Tod von seinen Kameraden bestätigt worden, nie habe man ihr oder seiner Familie seine Feldhinterlassenschaften geschickt. Sie könne sich seinen Tod einfach nicht vorstellen. Bei seinem letzten Heimaturlaub vier Wochen vorher, an dem sie geheiratet hatten, sei er doch so lebendig und zuversichtlich gewesen.

Die Tatsache, daß ein Mensch entweder nicht die Möglichkeit oder nicht den Wunsch hatte, seinen Verstorbenen noch einmal mit allen manifesten Anzeichen des Todes zu sehen, kann den Eintritt in die normale Trauer grundlegend verhindern. Vielfach wird von seiten der sogenannten helfenden Berufe nichts Ermunterndes zur Verabschiedung gesagt, diese oft sogar abgewendet mit Aussprüchen wie: „Behalten Sie ihn so in Erinnerung, wie Sie ihn gekannt haben" oder „Sie sieht nicht gut aus, Sie gehen besser nicht mehr hinein".

Gerade die Erinnerung an einen blühenden, gesunden, lebendigen Menschen kann die Realisierung des Todes verzögern und behindern. Der Anblick des veränderten Körpers, der Starre der Glieder, der blutleeren Hautfarbe, der Schärfe der Züge läßt verstehen, daß der Tote nun in eine andere Daseinsform übergegangen ist.

Nur zu gerne folgen Hinterbliebene (und Begleiter) dem Rat, den Toten nicht mehr anzusehen, weil sie beim Anblick des toten geliebten Menschen einen Zusammenbruch fürchten. Sie sollten wissen, daß dieses letzte Anblicken von unschätzbarem Wert ist und daß der schlimmste Zusammenbruch von erfahrenen Trauerbegleitern häufig nur als haltloses, aber von selber versiegendes Weinen geschildert wird. Es hat sich gezeigt, daß die phantasierte Vorstellung, wie der Leichnam aussehen oder zugerichtet sein könnte, um ein Vielfaches schlimmer ist als der wirkliche Anblick. Wenn der verstorbene Mensch nicht mehr angeschaut werden kann, bleiben die Hinterbliebenen häufig in einer dauernden Unruhe und Unklarheit gefangen. Wenn sie später im Trauerprozeß die Erfahrung machen, daß es ihnen aufgrund des Nicht-Gesehen-Habens schwerfällt, die Realität des Todes zu akzeptieren, könnte die vorwurfsvolle Frage gestellt werden: Warum hat mir niemand gesagt, daß es wichtig ist, den Verstorbenen noch einmal zu sehen?

Eine Frau erzählt davon, wie dankbar sie sei, daß sie ihre Mutter nach deren Tod mehrfach habe sehen können. Kurz nach dem Sterben habe sie eine Stunde auf der Intensivstation an ihrem Bett gesessen. Da habe sie wie schlafend geruht. Es sei ihr ein leichtes gewesen, ihre noch warme Hand zu halten, ihr über die Haare zu streichen und mit ihr zu sprechen. Zwei Tage später sei ihre ältere Schwester eingetroffen, und das Beerdigungsinstitut habe erlaubt, daß auch sie zum Abschiednehmen die Mutter noch einmal sehen könne. Gemeinsam sei man dort gewesen. Für die jüngere der Frauen sei der Anblick der Mutter deutlich verändert gewesen. Die Todesstarre habe die Züge härter und strenger erscheinen lassen, die Haut sei trocken und eingefallen gewesen, die Hautfarbe sei von gelblichwächsern zu grau gewechselt.

Noch einmal anders sei es am Tag der Beerdigung gewesen, als man für die ganze Familie den Sarg zum letzten Mal geöffnet habe. Sie habe ihre Mutter fast nicht mehr erkannt. Körper und Kopf seien ihr wie aus Holz vorgekommen, sie habe an den Korpus eines Kruzifix denken müssen. Die Haut sei von bläulichen Flecken übersät gewesen, die Haare – obschon sorgfältig gekämmt – leblos und struppig. Nichts habe mehr im entferntesten an die lebende Mutter erinnert. Sie sei auch nicht mehr in der Lage gewesen, die Verstorbene zärtlich zu berühren – es habe einfach keinen Sinn mehr gemacht, man streichele ja auch

kein Kruzifix. Wenn sie beim zweitenmal noch heftig ge-
weint habe beim Anblick der Mutter, so sei jetzt ein Ge-
fühl der Fremde, eine Scheu und ein großes Staunen in
ihr gewesen, wie der Tod die Mutter nun ganz genommen
habe. Nun erst sei sie richtig tot gewesen. Es sei ihr dann
auch kein wirklicher Schmerz gewesen, den Körper bei der
Beerdigung an die Erde abzugeben, weil dieser nun nicht
mehr das, was die Mutter ihr bedeutet habe, beherbergt
hätte.

Auch bei dem Wunsch, es dem Trauernden einsichtig und möglich zu machen, seinen Verstorbenen noch anzusehen, ihn vielleicht ein letztes Mal anzufassen, beim Waschen und Ankleiden behilflich zu sein, sollte sich daraus keine generelle Forderung ergeben. Menschen, die einander zu Lebzeiten in einer gewissen Distanz zugetan waren, wären sicher überfordert, wenn ein wohlmeinender Begleiter sie ans Totenbett zerrte und behauptete, ohne den Toten zu berühren, könne man den Zustand Tod nicht begreifen. Oder wenn ein auch schon erwachsenes Kind aus einer Familie, in der ein sehr züchtiger und schamvoller Umgang mit Körperlichkeit und Nacktheit gelebt wurde, gedrängt würde, den verstorbenen Vater oder die Mutter zu waschen. Jeder sollte dabei unterstützt werden, was ihm sein Empfinden in dieser Situation als wünschens- und ertragenswert eingibt. Für den Begleitenden ist in dieser Situation die Frage ausschlaggebend: „Was braucht dieser trauernde Mensch an Hilfe oder Bereitstellung, um das zu wagen, was er in der letzten Begegnung mit dem Toten als mit sich und der Beziehung stimmig wünscht?"

Häufig genügt das Angebot an den trauernden Menschen, ihn mit dem Anblick des Verstorbenen nicht alleine zu lassen, sondern an seiner Seite zu bleiben, um ihm die Angst vor der Verabschiedung zu nehmen.

Was ich gerne noch gesagt hätte ...

Zur Schwernis und Strenge der Unwiederbringlich- und Unwiederholbarkeitserfahrung gehört besonders die Vorstellung, daß wesentliche Dinge zwischen Menschen nicht nur unausgesprochen sind, sondern unausgesprochen *bleiben*. In diesem Wort ‚bleiben' liegt eine besonders schmerzliche Tragik. Söhne hätten sich noch gerne mit ihren Vätern versöhnt, Brüder hätten gerne noch um Verzeihung gebeten, Frauen ihren Männern noch gerne mitgeteilt, daß hinter späten lieblosen Worten nur die eigene Erschöpfung durch die Pflege lag u. v. m.

Nach einer Trennung ist es immerhin noch denkbar, ein Klärungsgespräch zu führen oder einen Abschiedsbrief zu schreiben.

Um einen Verstorbenen Trauernde erleben, daß ein Gespräch nun nicht mehr möglich ist und drohen daran zu verzweifeln.

In der Begleitung Trauernder machen wir immer wieder die Erfahrung, daß auch ein Aussprechen im nachhinein nicht nur entlastend ist, sondern eine eigenartige realitätsverändernde Wirkung haben kann. In einem solchen realen, nicht etwa fingierten Gespräch mit dem Toten ohne seine personale Anwesenheit wird das ‚Drama' der Gedanken nach außen gebracht, wird es mitgeteilt und betrachtet. Somit wird das Erlebte Wirklichkeit.

Die nachfolgenden Ausführungen entstammen der therapeutischen Arbeit mit Trauernden. Sie betreffen psychosoziale Interventionen bei Menschen, die nur schwer den Verlust anerkennen konnten oder ihre Trauerreaktion sehr lange aufgeschoben haben und dies in einer Einzeltherapie oder in einer Gruppe bearbeiten wollen.

Trauernde, die an unausgesprochenen Konflikten oder nicht gesagten Worten zu ersticken drohen, werden gebeten, Szenen ihrer Beziehung in der Phantasie neu zu gestalten unter der Frage: „Wie würden Sie es heute machen oder sagen angesichts der Sterbeerfahrung?"

Dabei wird von dem Konzept ausgegangen, daß Gedanken und Worte große Kräfte sind. Der intensive Wunsch, Versäumtes nachzuholen, Böses ungeschehen zu machen, Ungesagtes zu sagen, wird in der Vorstellung und faktisch verwirklicht. Im Leben war es anders, aber nun geht es darum, daß das Gefühl jetzt zählt, es werden neue Fakten durch Gedanken und noch mehr durch laut ausgesprochene Worte und Sätze gesetzt.

Eine Frau berichtet in einer Gruppe, daß sie unendlich traurig über den Verlust des Vaters sei. Er sei mit einem Herzinfarkt ins Klinikum eingeliefert worden, und obschon sie sofort zu ihm geeilt sei, habe sie nicht mehr mit ihm reden können. Auf die Frage, ob es da noch etwas Wichtiges zu bereden gegeben hätte, atmet sie schwer und nickt dann eindringlich. Ich ermutige sie, es nun zu tun. „Hier!" fragt sie, „Jetzt?" Ich mache deutlich, daß sie sich den Vater auf dem gegenüberstehenden Stuhl vorstellen, nun Kontakt zu ihm aufnehmen und das sagen solle, was sie auf dem Herzen habe. Sie beginnt mit leiser Stimme, daß sie ihn vermisse. Daß es nicht in Ordnung sei, daß er ohne Abschied fortgegangen sei. Ich schlage ihr vor, einmal auf den Stuhl des Vaters zu wechseln, um nun ihr zuzuhören und zu antworten. Nach langem Schweigen sagt sie als Vater: „Glaube nicht, daß es mir leicht gefallen ist, aber ich hatte hier kein Bleiben mehr. Ich mußte gehen. Es tut mir weh, dir und deiner Mutter dies angetan zu haben." Auf meine Geste hin wechselt sie wieder den Platz. Sie lauscht den Worten nach, beugt sich dann vor, verändert ihre Körperspannung, verengt die Augen zu schmalen Schlitzen und stößt dann hervor: „Weißt du was – ich glaube dir das nicht, das mit weh tun und so. Plötzlich sagst du so was, aber sonst immer war ich dir egal. Nie warst du interessiert an mir, nie hast du mich angeschaut. Eigentlich … eigentlich wolltest du doch auch einen Sohn an meiner Stelle haben, und gar nicht mich." Sie beginnt laut zu schluchzen. Ihr ganzer Körper bebt in diesem alten Schmerz. Später redet sie weiter: „Und ich habe mich so bemüht, dir ein guter Sohn zu sein, ein wilder, starker Junge. Habe nur mit Jungen gespielt, Fußball und all den Kram, kein Baum war zu hoch, keine Mutprobe zu schwer. Und wenn ich dann nach Hause kam und dir erzählen wollte, dann hast du mich nur müde angeschaut und gesagt, geh dich waschen, geh dich umziehen, laß deine Mutter diese Hose bloß nicht sehen. Nie, nie warst du stolz auf mich, Vati."

Nach einer langen Pause wechselt sie von selbst auf den Stuhl des Vaters. Als dieser sitzt sie nun aufrecht da, die Hände lang auf den Lehnen, wie in Trance nickend. „Ja, so war das, du hast recht. Das war sowieso eine schlimme Zeit. Als ich aus dem Krieg zurückkam, fand ich alles anders vor. Das, wofür ich gekämpft hatte, war nichts mehr wert. Zu Hause war auch alles anders. Deine Mutter hatte gelernt, ohne mich auszukommen, sie konnte alles, brauchte mich nicht mehr. Und ich war mir selbst im Wege. Ich war auch nicht stolz auf mich, auf was konnte ich denn stolz sein. Ich war … kaputt. Und da, da habe ich dich wohl übersehen. Da mußtest du denken, ich mag dich nicht, weil ich so beschäftigt mit mir war. Aber eines sollst du auch wissen: Manchmal, wenn du schliefst, bin ich abends an dein Bett gekommen und habe dich angeschaut. Mein Mädchen!"

Nach einer langen Pause geht sie auf meinen Hinweis wieder zu ihrem eigenen Stuhl. Sitzt dort, sinnend. „Und?" frage ich nach einer Weile. Sie ist ganz ruhig geworden, streicht sich über den Rock. „Hm", sagt sie, „da muß ich drüber nachdenken."

Solche Gespräche mit einem verstorbenen oder verlorenen Menschen, in denen etwas gesagt werden will, kann ein trauernder Mensch auch in seiner Wohnung führen, in einem ruhigen Raum, ohne die Anwesenheit anderer. Sie suchen sich einen bequemen Sessel (oder ein Kissen auf dem Boden) und stellen oder legen eine weitere Sitzgelegenheit gegenüber oder neben sich auf den Boden. Nun stellen Sie sich vor, daß dort der Mensch sitzt, dem Sie noch etwas Wichtiges mitteilen wollen. Damit es Ihnen leichter fällt, sich dieses Menschen lebendig zu erinnern, kann es hilfreich sein, wenn Sie bestimmte Gegenstände, die zu ihm gehörten, vor oder um seinen Platz anordnen. Nun beginnen Sie, ihn anzusprechen, wenn möglich nicht nur innerlich, sondern laut. Es ist wichtig, sich dabei zu hören. Dann sagen Sie ihm das, was Sie auf dem Herzen haben. Wenn alles Notwendige gesagt ist, wechseln Sie auf seinen Platz und lassen dort nachwirken, was Sie gehört haben. Und dann antworten Sie aus seiner Position. Sie werden vielleicht verblüfft sein, was Sie sich aus seinem Munde sagen hören. Legen Sie es sich nicht vorher im Kopf zurecht, bewerten und kontrollieren Sie nichts, sondern lassen Sie die Worte einfach kommen. Führen Sie den Dialog so lange, bis auf beiden Seiten zunächst alles gesagt ist und nichts mehr auszusprechen drängt. Wechseln Sie am Schluß wieder auf ihren ursprünglichen Sitzplatz und lassen Sie das Gesprochene und die Gefühle Revue passieren und nachklingen. Dann hat sich die offene Gestalt geschlossen, Sie können sich zur Ruhe begeben oder anderen Dingen zuwenden.

Wenn Ihnen der Platzwechsel unangenehm ist, so können Sie auch Ihre beiden Hände miteinander sprechen lassen, indem Sie festlegen, welche Hand welche Rolle spielt und sie dann jeweils zum Gesagten bewegen lassen.

Es kann das Gespräch erleichtern, wenn Sie symbolische Gegenstände, die Sie sich und dem anderen zuordnen, zur Hand nehmen und diese miteinander in Austausch treten lassen. Dies können z.B. verschiedenfarbige Tücher sein, die das Naturell oder Temperament der jeweiligen Person versinnbildlichen. Auch das Aufschreiben eines Gespräches ist eine Möglichkeit.

Das Erstaunliche an diesen (Trauer-)Arbeiten ist, daß Menschen aus ihren tiefen Bindungen heraus von anderen eigentlich alles wissen, nur ist dieses Wissen verschüttet oder verstellt. Durch die Aktivierung eines verstummten Gesprächs, vor allem durch den Rollentausch – und hier spielt auch der Wechsel des Platzes eine wichtige Rolle – wird dieses Wissen voneinander wieder ins Bewußtsein gehoben. So kann es zumindest zu einem Austausch kommen, zu nachträglichem Verständnis füreinander, manchmal sogar zu einer späten, aber nicht unbedingt verspäteten Versöhnung.

Die Grabrede – Das Grab

Häufig erlebt der Hinterbliebene die Beisetzung in der Apathie der Eingangsstufe von Trauer. Vorbereitung und Mitdurchführung der Beisetzung können auch aus der Apathie herausführen, da der Trauernde – trotz der Institutionen, deren Dienste gewöhnlich in Anspruch genommen werden – aktiv werden kann. Das Begräbnis beinhaltet einen öffentlichen Ausdruck der Totenerklärung, der besonders Hinterbliebenen, denen es schwerfällt, das schwere Ereignis anzuerkennen, nochmals die Endgültigkeit vor Augen führt. So kann es bei der Beisetzung eine erste Hilfe sein, den Verstorbenen noch einmal da sein zu lassen in aller Lebendigkeit und Fülle seines Gewesenseins, um ihn dann an die Erde und somit noch einmal an die andere Seite des Daseins abzugeben. In einer Grabrede aus dem Mund des Hinderbliebenen kann diese Beziehungsschau und Verabschiedung geschehen.

Beisetzungen ‚in aller Stille' verhindern manchmal diese hilfreiche Öffentlichkeit.

Als Beispiel wird hier die Rede einer Frau am Sarg ihrer Mutter wiedergegeben.

Als der jüngsten von ihren drei Töchtern ist mir die Aufgabe zugefallen, den Blick darauf zu lenken, was sie für uns war, was sie ist, und was wir von ihr mitnehmen in unser Leben. Lieber Pa, liebe Schwestern und Schwiegerbrüder, liebe Kinder, Verwandte und Freunde. An was erinnere ich mich, wenn ich die einzelnen Bilder anschaue, die mir durch den Kopf gingen, als ich in der Intensivstation an ihrem Bett saß und gestern an ihrem Sarg ihr nun noch einmal verändertes Gesicht betrachtete?

Da ist einmal das Bild einer jungen Mutter, die sich schon in den 50er Jahren – als davon noch nicht die Rede war – enthusiastisch für Vollwertkost und alternierende Heilmethoden interessierte. Unermüdlich besorgte sie sich Informationen, um vor allem uns Kinder gesund und sinnvoll zu ernähren. Mit Dankbarkeit und Wärme erinnere ich mich an den Eifer, mit dem sie unser Essen zusammenstellte. Nach unserem Kindergeschmack war es beileibe nicht immer, z. B. die Kruska-Müslis in der Frühe oder der frisch gepreßte Rote-Bete-Saft, den wir sofort nach der Schule trinken mußten. In dem Wort „mußten" steckt, daß es kein Entrinnen gab vor der gesunden Kost, aber vielleicht ist sie auch die Grundlage gewesen für unsere heutige noch vorhandene Gesundheit.

Ich höre auch noch ihr Singen bei der Hausarbeit. Es schmerzt mich nachträglich etwas, weil es mir scheint, als hätte sie mit den Liedern gegen die Eintönigkeit ihres Hausfrauenlebens angesungen, sie, die immer betonte, wie gerne sie einen Beruf ergriffen hätte, wenn nur die Zeit danach gewesen wäre. Sie sang gegen Schatten und Unzufriedenheit an, die sie aber nicht zugeben wollte. Dieses Zugeben hätte sie als schuldhafte Undankbarkeit ihrem Herrgott gegenüber angesehen. Bis zuletzt wollte sie nicht, daß Men-

schen außerhalb ihrer Familie davon erfuhren, daß sie mit ihrem immer so stark gewesenen Willen nicht gegen die Dunkelheit ihres Gemüts ankam. Sie erlebte es schamvoll als Versagen und Niederlage des Geistes und wollte nicht, daß jemand diese Schwäche sah. Auch in langen Gesprächen am Krankenbett haben wir sie letztlich nicht davon überzeugen können, daß das Zeigen ihrer schwachen und kleinen, ja kleinmütigen Seiten für sie Erleichterung bringen und Loslassen bedeuten könnte, wenn sie zuletzt auch manchmal sagte: „Vielleicht habt ihr recht."

Vielleicht ist es nun an mir, an uns, diesen Weg zur ausgewogenen Darstellung meiner schwachen und starken Seiten bei mir selbst, bei uns selbst mutig anzugehen, wozu sie bei sich nicht mehr in der Lage war. Ist das nicht auch eine Art von Auftrag, von Erbe, von Weiterleben, das bei uns zu vollenden, zur Reife zu bringen, was wir bei ihr als in der Arbeit befindlich, als Prozeß erlebten?

Eine andere Erinnerung: Immer wieder war Mu Mittel- und Reibepunkt in unseren familiären Diskussionen, ja oft genug gab es Auseinandersetzungen um theologische und Glaubensthemen. Es gab kein Thema, das sie mehr interessierte. Sie war informiert und kannte den Stand der öffentlichen Diskussion gerade in Fragen der Auseinandersetzung mit der Institution Kirche. Sie war so lange eine offene, ausgezeichnete Gesprächspartnerin, wie sie „ihre Kirche" nicht angegriffen sah. Manchmal erlebten meine Augen und Ohren sie dann starr, die kirchlichen Autoritäten unterstützend, und gerade im pubertären Eifer (und noch im mittleren Alter) wollte ich die als einseitig erlebte Stellungnahme nicht verstehen und dulden. Immer aber auch hat mich die Unerbittlichkeit, die an Härte grenzende Treue, mit der sie am Glauben und an den Trägern und Vermittlern dieses Glaubens festhielt, tief beeindruckt. Nicht unkritisch, aber unbeirrbar blieb sie den Lehren der katholischen Kirche verbunden.

In diese Richtung geht auch eine Redensart von ihr, die wir – älter geworden – oft liebevoll bespöttelten. Wenn wir unduldsam über Menschen sprachen, sie kritisierten oder auch leichthin abtaten, pflegte sie zu sagen „Vielleicht hat er/sie im Krieg viel mitgemacht!" Sie hat immer versucht, auch die andere, die Gegenseite zu sehen und zu vertreten. Ich fühlte mich manchmal allein- und stehengelassen mit meiner schnell gefaßten, abfälligen Meinung über Lehrer, Bekannte oder Nachbarn. Mit ihren Worten nahm sie den Wind aus den Segeln, die der Zorn doch gerade so schön aufgebläht hatte. Inzwischen habe ich mich schon dabei ertappt, daß ich genau diese Redensart auch in Diskussionen mit meinen eigenen Kindern gebraucht habe.

„Vielleicht hat er/sie viel mitgemacht im Leben, vielleicht haben Leid, Kummer und Hader zu diesem oder jenem Verhalten geführt und bringen deshalb mildernde Umstände" – diese Gedanken von ihr wie vieles, was ihr wichtig war, fast missionarisch vorgebracht, kommen mir heute oft in den Sinn, wenn ich Menschen beurteile, und begleiten mich. Als ich in den letzten Tagen über sie nachdachte und nun hier über sie spreche, wurde mir deutlich, wie begrenzt ich sie nur zu sehen vermag: mit den Augen der Tochter, und – noch eingeengter – mit den Augen der jüngsten Tochter. Ihr beiden habt sie sicher wieder etwas anders erlebt; das Bild, das ihr Kinder von der Omi habt, ist noch ein anderes; die Geliebte, Frau und Partnerin, die du, Pa, gehabt hast, habe ich fast nicht gekannt, kaum auch die Schwiegermutter, Schwägerin, Schwester, die Bekannte, Freundin, Nachbarin. Und wie sie ganz tief drinnen war, was sie dort gefühlt und gedacht hat in ihren intimsten und einsamsten Stunden, wissen wir wohl alle nicht. Wir haben jeder nur dies eine Paar Augen und dieses eingegrenzte Begegnungsfeld. Ich stelle mir vor, daß es einen gibt, der sie immer ganz gesehen hat und nun endgültig ganz sieht, alle Seiten von ihr, alle Facetten, ihr Inneres und ihr Äußeres, ihr Kleines und ihr Großes, ihr Unbedeutendes und ihr Wichtiges. *Ich stelle mir vor, wie dieser eine sie liebevoll, erbarmend und wertschätzend anschaut. Und wie sie in dieser Anschauung steht, sich in ihr reckt wie eine Pflanze zum Licht und ganz und heil wird.*

Ihre letzten Monate waren überschattet von körperlicher wie seelischer Schwäche und Müdigkeit. Wie oft hat sie den Wunsch geäußert, sterben zu dürfen; nur der Gedanke an uns und vor allem an dich, Pa, hat sie immer wieder bewegt, mit äußerster Willensanstrengung ihre wenigen Kräfte zu mobilisieren und das Weiterleben zu versuchen.

Die Schönheit von Landschaft, Musik, Literatur, die Wärme in Begegnungen und der liebevollen Pflege hat sie kaum mehr wahrnehmen können, sie, die uns früher unermüdlich auf die Schönheiten des Lebens hinweisen konnte. Eines ihrer Lieblingslieder war das von Schlusnus gesungene

„Oh, wie schön ist deine Welt,
Vater, wenn sie golden scheinet,
wenn dein Glanz hernieder fällt
und den Staub mit Schimmer malet ...
Ich hoffe, daß sie nun dort, wo sie ist, diese Schönheit empfinden kann. Ich hätte es gerne deinem Gesicht, deinen Zügen abgelesen, ob sich diese deine und meine Hoffnung erfüllt.

Aber das ist und bleibt wohl das Geheimnis des Todes und das Wesen und Wagnis des Glaubens.

Ein wesentlicher Schritt zur Akzeptanz der Realität ist auch die Grabgestaltung. Die Überlegung, welche Bestattungsform zu wählen ist, das Aussuchen eines Grab- oder Urnenplatzes auf dem Friedhof, die Kreativität, mit der Grabschmuck und Bepflanzung vorgenommen werden können, führt den trauernden Menschen zur Beschäftigung mit der

Tatsache, daß der Verlorene nicht wiederkommt, aber daß man auch nicht nur ohnmächtig und tatenlos zurückbleiben muß, sondern vieles zur eigenen Zufriedenheit und paradoxerweise zur Freude für den Toten (das hätte ihm gefallen oder gefällt ihm) *machen* kann.

Die Grabstätte ist ein Ort, an dem die Erfahrung der Unwiederbringlichkeit stückweise ins Bewußtsein eindringen kann, gleichzeitig aber auch schon eine Stätte der veränderten Begegnung. Er kann Schnittstelle sein, an dem sich schon sehr früh das Verständnis, daß der Verlorene einer anderen Daseinsform angehört, mit der Ahnung verbinden kann, daß der Zurückgebliebene der Lebensseite zugehörig bleibt und auf dieser noch einiges auf ihn wartet. Das Grab ist der Punkt am Ende des Satzes. Auf dem Grabstein ist buchstäblich in Stein gemeißelt, daß die hiesige Zeit des Verstorbenen beendet ist. Jeder Gang ans Grab bestätigt diese Botschaft, bietet aber gleichzeitig die Möglichkeit, sich an den dort Liegenden zu erinnern, Kontakt aufzunehmen und noch etwas für ihn zu tun. Für viele Hinterbliebene – man betrachte da nur die Lebendigkeit, das Tätigsein und den Austausch von Witwen auf einem Friedhof an einem schönen Sommertag – ist die Pflege des Grabes ein äußeres Zeichen für die Pflege der früheren Beziehung innerhalb des Lebens und der sozialen Bezüge.

In einer Kleinstadt verhandelten Geschwister und Freunde der 20jährigen, mit dem Motorrad tödlich verunglückten Paula mit der Friedhofsverwaltung darum, ein Grab für sie zu gestalten, das sich von den anderen Gräbern deutlich unterschied. Nach einem langen Schriftverkehr setzten sie sich durch und gaben Paula das Grab, das sie sich sowohl für sich selbst als auch für die anderen gewünscht hätte. Wenn man heute, drei Jahre nach dem Unfall, seinen Weg über den geordneten Friedhof mit seinen abgezirkelten Kieswegen und den mit Buchsbaumhecken umrandeten

Gräbern nimmt, fällt eine quicklebendige Grabstätte ins Auge, auf der sich die Buntheit und Vielfältigkeit des Lebens ein Stelldichein geben. Auf eine Weise, die alles andere als sterbenslangweilig ist, bietet dieses Grab ein Abbild des jungen Menschen, der hier seinen letzten Platz gefunden hat. Inmitten aller möglichen Blumen erhebt sich ein buntgestrichenes Vogelhaus, daneben steht der aus dem letzten Jahr übriggebliebene Maibaum, der immer wieder neu mit Bändern und Schleifen geschmückt wird. Unter dem Maibaum sitzt der von Wind und Wetter zerzauste Teddybär, eine Flasche mit der Lieblingsmarke Bier und einem übergestülpten Glas ist in die Erde gedrückt. Daneben liegen CD-Hüllen mit der Lieblingsmusik, Lakritztüten, Zettelchen mit Botschaften, Kinokarten und Briefe, alles sorgsam arrangiert. An manchen Sommernachmittagen sieht man junge Leute in Lederkluft am Grab hocken, rauchen, leise miteinander reden, lachen und auch Musik hören. Und offenbar stören sie auch die anderen Besucher nicht, die mit geheimem Stolz oder zumindest freundlicher Nachsicht die besondere Grabstätte in ihrer Nachbarschaft dulden.

Mit der Beschreibung dieser Stätte und des Verhaltens der Freunde soll gewiß nicht eine Anregung zur Nachahmung oder gar neue Normen vermittelt werden. Manchen Leser mag diese Grabgestaltung sehr extrem anmuten und die Frage aufkommen lassen, wieweit dies noch einem gesunden Trauerverhalten entspricht. Sicher ist hier das Alter der jungen Leute zu berücksichtigen, das sie zu einer zwar sehr außergewöhnlichen, aber für sie selbst stimmigen Darstellung ihrer Trauer führte. Als Zeichen eines individuellen Umgangs mit dem Verlust sollte ein solches Verhalten vorübergehend sein und nicht Jahre andauern.

Rituale als Hilfestellung

Ohne Zeichen können wir gerade wesentliche Ereignisse unserer Seele schlecht ausdrücken. Zu leicht bietet sich die „reine" Vernunft als Brücke, den Gefühlen eine Ordnung zu geben. Das ist im Leben überaus hilfreich; behindernd wirkt es, wo die Menschen erst gar kein Fühlen für ihre Gefühle bekommen, sondern gleich im Kopf sich festhalten und damit unter Umständen den Weg blockieren, den z.B. die trauernde Seele im Ausleben der Gefühle sucht.

Daß Trauer mit sehr viel Gefühl verbunden ist, ist allen eine lebendige Erfahrung. Dieses Gefühl sucht sich auszudrücken, über die Sprache, die Stimme, den Gesichtsausdruck, die Körperhaltung, die Musik usw. Die Trauer hat aber – vermutlich über viele Menschheitszeiten hin – eigene Rituale entwickelt, in denen sie sich geschützt und getragen fühlt. Rituale unterscheiden sich von den üblichen Verrichtungen durch den Sinngehalt, den wir dieser Handlung zuschreiben. (So ist z.B. das Waschen zur Säuberung eines Toten etwas anderes als eine Waschung, in der in Zartheit vom Körper des Toten Abschied genommen wird.)

Nach Eintritt des Todes

Die Trauer braucht auch kurz nach Eintritt des Todes Hilfen, braucht Rituale des Abschiedes.

Die Sekunde, die Leben und Tod voneinander trennt, ist fast nicht greifbar. Irgenwann ist nicht mehr Leben, sondern Tod. Es ist ein unfaßbarer, überwältigender Moment, der einen sprachlos hinterläßt.

Die Reaktionen auf dieses Geschehen sind unterschiedlich, können in Weinen oder Schreien oder Schweigen sich Bahnen suchen.

Es ist kostbar, sich dieses sehr dichte Miterleben der Sekunde des Sterbens als besondere Art dichten Begegnens und Abschiednehmens zuzugestehen.

Nicht selten werden körperliche Veränderungen des Gesichtes bald spürbar. Viele Totengesichter künden von einem Frieden, einer Lösung nach manch mühsamem Kämpfen um den Tod. Im Blick auf dieses Gesicht finden viele Angehörige in der Unaussprechbarkeit der Trauer doch einen Trost. Es tut gut, in aller Ruhe diesen Augenblick des Todes auf sich wirken zu lassen, denn hier beginnt der erste, wesentliche Schritt der Trauer nach dem Eintritt des Todes. Trauer ist Abschiednehmen – auch vom Körper des Verstorbenen. Es ist hilfreich, viel Zeit und Raum zu lassen, um den Toten wieder und wieder anzusehen, ihn anzufassen – oder auch „nur" bei ihm zu sitzen, sich den Bildern, den Gedanken, den Empfindungen hinzugeben, die sich in dieser Situation von selbst einstellen. Falls sich die Angehörigen dazu in der Lage sehen, ist das Waschen, Salben, Einkleiden des Toten eine letzte tiefe, verbindende Nähe und Verabschiedung.

Wenn nicht ein akuter, unvorhersehbarer Krankheitsverlauf stattgefunden hat, wenn das Sterben absehbar war, eine ärztliche Begleitung gegeben war, ist nach Eintreten des Todes keine übereilte Geschäftigkeit nach einem Arzt dringlich. Das persönliche Abschiednehmen steht im Vordergrund.

Dabei ist es gut, nach dem Sterben den Raum so herzurichten, daß die Angehörigen mit ihrem Toten tatsächlich zu Hause sind. Die Pflegemittel, die ein Krankenzimmer belagern, können zur Seite geräumt, die medizinischen Apparaturen entfernt werden. Es ist wichtig, daß jetzt der Verstorbene in seiner ganzen „Schönheit" als Toter in den Abschied der Angehörigen aufgenommen werden kann.

Die Anwesenheit des Bestatters hat auch Zeit, vor allem das Abholen des Verstorbenen. (Laut Gesetz darf ein Toter mindestens 36 Stunden zu Hause verbleiben). Wenn es der Krankheitsverlauf und die Witterung erlauben, ist es kostbar, wenn die Angehörigen, Freunde und Nachbarn im Raum des Sterbens in Ruhe Abschied nehmen können. Die

Zeit mit dem Toten gestaltet sich je eigen: Die einen sitzen dabei und schweigen, andere trinken Kaffee und erzählen, andere streicheln den Toten, wieder andere beten oder hören Musik oder schauen nur hin. Es gibt viele Formen, viele Rituale, die das Abschiednehmen tragen.

Im Krankenhaus oder in einem Heim sind die Bedingungen des Abschieds nach der „Sekunde des Sterbens" meist anders als zu Hause. Die hier gegebenen Anregungen sind überwiegend auf das häusliche Erleben bezogen. Für Krankenhäuser und Heime ist es aber sehr wichtig, geeignete, würdige Räume der Verabschiedung zu schaffen.

Für die spätere Zeit der Trauer ist es von entscheidender Bedeutung, einen Toten gesehen zu haben. Manchmal ist es auch wichtig zu erleben, daß der leblose Körper eines Toten tatsächlich eine andere, für uns Lebende nicht mehr erreichbare Welt beschreibt. Das erzeugt gleichermaßen Scheu und Ehrfurcht vor dem Toten.

In einer Familie ist der Vater nachts gestorben. Die Angehörigen haben nach Feststellung des Todes eine Zeit stumm am Bett des Toten verharrt, haben dann den Toten gewaschen, seinen Körper nach spontanem Impuls der Tochter in Ruhe gesalbt, das Zimmer von allen nötigen Pflegemitteln befreit, sich dann mit leiser Musik im Hintergrund an das Bett des Toten gesetzt. Den Arzt und den Bestatter bestellten sie am Morgen. Tagsüber kamen Freunde und Verwandte, der Alltag spielte sich mit dem Toten in der Mitte ab. Die Familie schlief die folgende Nacht im Haus, in dem auch der Tote lag. Wer mochte, konnte zu jeder Zeit an sein Bett treten, um in der Stille der Nacht Abschied zu nehmen. Am folgenden Tag wurde gegen Mittag der Tote aus dem Haus getragen. Bis zur Beerdigung kamen immer wieder Verwandte, Freunde und Bekannte, die in einem eigens dafür vorgesehenen Raum des Bestatters die Möglichkeit hatten, sich den Toten anzusehen und

sich zu verabschieden. Dieser Weg des Abschiedes war eine
kostbare Quelle, die auf dem folgenden Trauerweg man-
ches Mal stärken konnte.

Trauerkleidung

Das Tragen der Trauerkleidung ist vielerorts umstritten.
Mitunter wird ausführlich dargelegt, daß das Maß der
Trauer nicht vom äußeren Erscheinungsbild abhängt. Manche Menschen empfinden es als aufdringlich, der Trauerkleidung zu begegnen. Aber gerade darin wird am ehesten
spürbar, daß die Kleidung Trauernder eine eigenständige
Bedeutung im Trauergeschehen hat. Die schwarze Kleidung
erspart es der Öffentlichkeit nicht, der Trauer als Teil unseres Lebens und unserer Gesellschaft zu begegnen. Sie sind
wie eine Bitte um Respekt vor diesem Geschehen der Trauer:
Respekt vor dem Menschen, der nicht wie gewohnt in der
sogenannten Normalität des Lebens sich bewegen kann.
Die nichtfarbige Kleidung (in manchen Ländern tragen
Trauernde weiß) ist von innen nach außen dokumentiertes
Erleben, daß es in der Trauer Zeiten gibt, in denen die
ganze Lebendigkeit, die ganze fröhliche Fülle des Farben-
spiels einfach nicht angezeigt sind. Dann gilt der Seele die
einzig passende Farbe: die Nicht-Farbe. Erst nach und nach
gewinnt der Trauerweg wieder Blick und Ansprache von
Farben und neuer Lebendigkeit. Es ist gut zu verstehen, daß
Trauernde diesen Schutz der Trauerkleidung für sich und
das Bekenntnis zum Trauerfall öffentlich tragen wollen.
Trauererleben ist nicht nur Einzelschicksal, sondern auch
Sozialerleben. Selbstverständlich ist dies kein Muß für
Trauernde, aber ein sehr stimmiger Ritus, der vom Inneren
etwas nach außen, in die öffentliche Gemeinschaft trägt
und respektiert sein will.

Eine alleinstehende Trauernde ist Mitglied eines Senioren-
clubs geworden. Dort bestand das Hauptthema der Tisch-

nachbarn in dem Bekehrungsversuch, daß man heute keine
Trauerkleidung mehr trüge und es an den „Klamotten"
nicht hinge, wieviel und wie echt jemand trauere. Als dann
immer mehr die Mutmaßung aufkam, diese Kleider könn-
ten auch bezwecken, das Mitleid Außenstehender zu er-
wecken, verließ die Trauernde die Runde und gestand sich
zu, Schwarz zu tragen, solange ihre Seele das brauchte.

Traueranzeigen
Die Veröffentlichung eines Todes durch Todesanzeigen
zeugt vom Bekenntnis zum Tod. Die Durchsicht dieser An-
zeigen offenbart viel vom Trauererleben und der Möglichkeit, dem Tod seine Endgültigkeit öffentlich zuzugestehen
(z. B. ob „gestorben" oder „entschlafen", ob „tot" oder „hin-
geschieden"). Es ist sicher nicht einfach und wird manche
Träne kosten, wenn eine dem Toten angemessene Anzeige
zu verfassen ist. Wenn möglich, ist es ein heilsames Stück
wichtiger Trauerarbeit, eine solche Bekundung des Todes
eines Angehörigen selbst zu formulieren. Wer sich das nicht
zutraut, wähle sorgsam ihm vorgelegte Texte. Auch für die
Zurückgebliebenen ist es kostbar, ihrem Toten in seinem
Leben und Sterben ein „Denk"-Mal zu setzen – ein Gedenken, das die Trennung ahnt oder schon weiß und eine neue
Verbindung mit dem Toten aufrichten will.

Traueranzeigen veröffentlichen den Tod, den Abschied
vom bisherigen gemeinsamen Leben und die Hoffnung, die
im Tod nicht ausgelöscht wird – ein religiöses Bekenntnis.

Die Todesanzeige für einen 82jährigen Mann, Vater von
sechs Kindern, der lange Zeit seines Lebens im Manage-
ment der Industrie tätig war, dabei vielen musischen Be-
gabungen Raum ließ: Die Anzeige beginnt mit dem Zitat
aus dem 1. Korintherbrief: Wenn aber Christus nicht auf-
erweckt worden ist, dann ist euer Glaube nutzlos ... nun
aber ist Christus auferweckt worden als der Erste der Ent-

schlafenen.“ (1 Kor 15, 17–20). Der Text geht weiter: „Dr. N.N. Er hat das Leben geliebt, es dankbar ausgespielt in den vielen Begabungen, die ihm geschenkt waren. Wir nehmen von ihm Abschied mit Dank für das, was er unserem Leben bedeutet, mit Trauer um sein Fehlen, das uns schmerzt, mit der noch tastenden Hoffnung, aus der er lebte, mit der Hoffnung, daß sich alles vollende, was er am Leben wirken konnte. N.N.“

Kondolenzbesuch

Früher, so hört man erzählen, war ein Kondolenzbesuch gang und gäbe. Es wird auch seinerzeit immer eine Überwindung gewesen sein, den Weg ins Trauerhaus anzutreten, aber auch als Trauernde jemanden zu empfangen. Mit dieser Begegnung ist die unausweichliche Klarheit ausgedrückt, daß der Trauernde ab jetzt wirklich nicht mehr, wie bisher gewohnt, inmitten der Gemeinschaft ist. Es ist ein Segen für alle, wenn dies ohne Makel und Scheu so angenommen werden kann: Die Trauernden wissen, daß sie in dieser Andersartigkeit herausgenommen sind aus der den Tod überrollenden Alltäglichkeit, daß sie in dieser Andersartigkeit aber auch von der „normalen“ Gesellschaft getragen sind. Für die Gemeinschaft bedeutet dies ein Bekenntnis, daß der Tod in ihr Leben gehört und Achtung auch im besonderen Schutz der Trauernden gewinnt. Es ist sicher ein Zeichen unseres gesellschaftlichen Wandels, daß die Angst vor dem Kondolenzbesuch (beidseitig) größer und verlegener geworden ist. Wie wichtig aber solche Besuche als Ritus des Trauerweges sind, das bekunden alle, die einen geglückten Kondolenzbesuch erlebt haben – sowohl die Trauernden wie die Kondolierenden. Wenn der Weg zum Trauerhaus nicht gelingt, so sind Schreiben, die über das Maß des „Herzliches Beileid“-Vordruckes hinausgehen, eine Form der Begegnung und Anerkennung und des Bekenntnisses des Todes.

Kondolenzschreiben

So ratlos, wie viele einem Kondolenzbesuch gegenüberstehen, fühlen sich viele auch bei der Abfassung eines Kondolenzschreibens. Den letzten Ausweg stellt dann gern eine vorgedruckte Karte dar, auf deren Innenseite lediglich der Name des Beileidbezeugenden steht. Für Hinterbliebene ist aber schon eine solche Karte ein Zeichen. Es ist bekannt, daß die Anzahl solcher Bekundungen allein schon den Trauernden eine stützende Hilfe sein kann. Das Gedenken allein – bei noch so unbeholfen erscheinenden Worten – zählt viel für Menschen, die sich durch den Verlust verlassen fühlen.

Wertschätzung erfahren Briefe, in denen Menschen ihre Verbindung zu dem Verstorbenen, zu den Angehörigen beschreiben. Darüber hinaus tun Briefe gut, in denen die Schreibenden sich in die Lage der Trauernden versetzen und in die Leere und Ohnmacht, mit der Trauernde dastehen.

Kondolenzschreiben sind nicht an das Ereignis der Beerdigung gebunden. Sie können großer Trost sein, wenn sie in der Zeit danach (auch) verschickt werden und auf das Erleben dieser Situation eingehen – wo die Umwelt wieder ihren normalen Gang einnimmt, während für den Trauernden die Gewalt des Verlustes, des Abschiedes und der Verlassenheit sich mit jedem Tag deutlicher und belastender zeigt.

Sechswochenamt

In der katholischen Kirche gibt es den Ritus eines gottesdienstlichen Totengedenkens einen Monat oder sechs Wochen nach dem Tod bzw. der Beerdigung. Dieses Gedenken liegt in einer Zeit, da für die meisten Menschen der Alltag wieder Raum genommen hat, für die Trauernden aber die Eindeutigkeit und Unabänderlichkeit des Todes immer klarer wird. Hier wird die Trauer immer intensiver, immer lebensbestimmender. In den Alltäglichkeiten zeigt sich die Brutalität des „Nie wieder", daß es nämlich kein neues, gemeinsames Erleben mit dem Toten mehr geben wird. Das gottesdienstliche Gedenken führt die Trauernden im Rahmen der Familie und Freunde, aber auch im Rahmen der Kirchengemeinde und damit oft auch der zivilen Gemeinschaft zusammen. Dieser Ritus ist ein Zeichen des öffentlichen Trauertragens wie ein Markstein des Trauerweges.

Schuldig bleiben

„Ich hatte freiwillig alles für sie, für ihre Pflege aufgegeben, aber als mir dann mein Beruf und meine Hobbys fehlten, machte ich sie dafür verantwortlich. Sie hatte Krebs bekommen, sie ruinierte mein Leben, und durch sie hatten meine Kraft und Lebensfreude mich verlassen ...

Ich durfte ihr gegenüber meinen Groll doch nicht offen und direkt äußern, also bahnte sich der Sarkasmus seinen Weg, in dem er stach und stichelte. Ich ließ sie ein bißchen länger rufen als sonst, süßte ihren Tee einfach weniger, manchmal saß ich neben ihr, empfand Widerwillen beim Anblick ihrer Glatze und ekelte mich vor ihrem Geruch. In solch einem Klima konnte sie doch nicht heilen. Ich wußte, daß ich sie irgendwo noch liebte, aber ich mochte sie nicht mehr."

So die Worte eines Mannes, der seine Freundin rührend und aufopfernd bis zu ihrem Ende gepflegt hatte und sich nun mit Selbstvorwürfen am Weiterleben hinderte. In seinen Schuldgefühlen glaubt der Trauernde, nicht alle Maßnahmen ergriffen zu haben, die die Krankheit oder den Tod hätten verhindern können; man glaubt, im Leben nicht genug Liebe gezeigt zu haben oder gar der Grund von Krankheit und Tod zu sein. Beim Tod einer Beziehung könnte das Schuldgefühl lauten: „Hätte ich nicht bedingungsloser lieben müssen, mehr ertragen können, habe ich mich nicht zu wichtig genommen, hätte ich nicht noch ein letztes Mal versuchen sollen, die Beziehung zu halten?"

Zur Aufgabe, den Verlust als Realität zu sehen und allmählich als solche zu akzeptieren, gehört auch die Einsicht, daß es eine Bindung ohne Versagen und Schuldigwerden nicht gibt, daß zur Ambivalenz empfundener Gefühle auch die Tendenz gehört, sich gerade über die Person zu ärgern und sie manchmal zu hassen, die einem am meisten bedeutet. Die menschliche Fähigkeit, Schuld zu empfinden, wird die Verantwortung sowohl für unsere Liebe als auch für unseren Haß akzeptieren. Die Äußerung von Schuldgefühlen gehört zu fast jeder Trauerarbeitsbeschreibung. Wohlmeinende Freunde und Bekannte, die einem zurückgebliebenen Menschen durch Angst und Schuld hindurchhelfen wollen, versuchen oft, ihn von diesen Gefühlen zu befreien oder loszusprechen. Sie bagatellisieren oder beweisen logisch, daß es doch offensichtlich keinen Grund dafür gebe – mit dem Erfolg, daß der Trauernde diese Gefühle um so heftiger oder in Zukunft überhaupt nicht mehr laut äußert. Häufig hören Trauernde den Rat, daß man in einem ruhigen Gespräch mit der entsprechenden Person die vermeintliche Wirklichkeit gegen die Schuldgefühle stellen soll, um sie mit logischen Maßstäben zu messen.

Ich stelle es mir als eine der größten Mißachtungen und Grausamkeiten gegenüber einem Menschen – zumal einem geschwächten, sich in einem Ausnahmezustand befindlichen Menschen – vor, ihm seine Gefühle als falsch, unpassend und unzutreffend ausreden zu wollen und zu glauben, daß man als Außenstehender die fremde Wirklichkeit besser kennt als der, dem sie zugehört. Man stelle sich den Streß vor, mit dem ein Trauernder seine Gefühle verteidigen oder den wohlmeinenden Begleitenden von der Richtigkeit seiner Gefühle überzeugen muß.

In Hermann Hesses ‚Glasperlenspiel' wird der Einsiedler
Josephus geschildert, der eine besondere Heilbegabung besitzt: Die Gabe des Zuhörens.[18]

„Wenn ein Bruder aus den Siedlungen oder ein vom Wissen beunruhigtes oder getriebenes Weltkind sich bei Joseph
einfand und ihm von seinen Taten, Leiden, Anfechtungen
und Verfehlungen berichtete, sein Leben erzählte, seinen
Kampf um das Gute und sein Erliegen im Kampf ..., so verstand Joseph ihn anzuhören ..., sein Leid und seine Sorge
in sich aufzunehmen und zu bergen und ihn entleert und
beruhigt zu entlassen ... Es schien alles, was ihm an Kla-
gen, Geständnissen, Anklagen und Gewissensängsten zu-
getragen wurde, in sein Gehör einzugehen, wie Wasser in
Wüstensand, er schien ein Urteil darüber zu haben ... und
dennoch, vielleicht eben darum, schien das, was ihm ge-
beichtet wurde, nicht ins Leere gesagt, sondern im Sagen
und Gehörtwerden verwandelt, erleichtert und gelöst zu
werden."

Ein solches Zuhören scheint tragen zu helfen, das in der
Seele Gestaute und Verkrustete zum Fließen und Abströ-
men einzuladen, vielleicht auch den anderen instand zu
setzen, das Gute zu sehen, das er wollte, als er das weniger Gute tat, das Berechtigte und oft Lebensnotwendige für
ihn selbst, und damit alles mehr in die Mitte geraten zu
lassen.
  Selbst wenn der vordergründige oder hintersinnige Rea-
litätsbezug der geäußerten Schuldgefühle nicht immer er-
kennbar ist, manifestiert sich hier häufig die tiefe Erkenntnis, daß Leben auch Verwunden und Schuldigwerden bedeutet.

---

18 Hermann Hesse: Das Glasperlenspiel, Zürich 1943, Neudruck Frankfurt
(st 7a) 1972, S. 535 ff.

Schuldgefühle sind angemessene Gefühle im Umgang mit lebenden und verstorbenen Menschen. Trauernde sollten sich nicht scheuen, sie auszusprechen und anzusehen.

In meine Trauerpraxis kam eine ca. 65jährige Lehrerin, die mit dem Verlust ihrer etwas jüngeren Schwester nicht zurecht kam, die die letzte Zeit bei ihr gelebt und nun seit zwei Jahren tot war. Am quälendsten war ihr die Tatsache, daß sie es ihrer Schwester nicht – wie versprochen – ermöglicht hatte, sie bis zu ihrem Tod zu Hause zu behalten, weil diese bei einer Atemdepression notfallmäßig ins Krankenhaus eingeliefert worden war. Alle Beschwichtigungen, auch die des gemeinsamen Hausarztes, sie sei daran völlig unschuldig, blieben ohne Wirkung. Selbst mehrmaliges Beichten konnte ihr – entgegen früherer positiver Erfahrungen mit diesem Sakrament – nicht die gewünschte Entlastung vermitteln. Auch eine einem Trauerbuch entnommene erprobte Meditation zur Selbstvergebung half ihr nicht weiter.

Über Wochen sprach sie bei ihren Besuchen fast nur darüber, daß sie ,dies der armen Sophie' angetan habe. In einer Sitzung entschied ich mich, sie wörtlich zu nehmen und ihre Schuld zu sichern. „Das war bestimmt allerhand, was Sie ihr angetan haben.“

Sie brach in Tränen aus und erzählte von ihrer heraufkommenden Erinnerung, der Schwester vor mehr als 45 Jahren den Verlobten ,ausgespannt' zu haben. Nachdem diese Beziehung in die Brüche gegangen war, hatten die zwei Schwestern nicht mehr darüber gesprochen. Nach dem Tod holte ihr Schuldigwerden und -bleiben die Ältere wieder ein. Im Laufe ihrer Trauerarbeit konnte sie die Schuld ansehen und zu ihr stehen, ja sogar an manchen Mustern von Konkurrenzangst und Zukurzgekommensein arbeiten. So konnte sie endlich Gnade für sich finden.

An dieser Stelle sei noch ein Hinweis zum Umgang mit kindlichen Schuldgefühlen angefügt. Kinder erleben bei traumatischen Verlusten und deren Ursache viel stärker einen persönlichen Anteil als Erwachsene. Hier ist es wichtig und erleichternd, die Ursachen von Krankheit oder Trennung sehr genau zu erklären. Woran die Oma nun genau gestorben ist, und daß es kein Mittel der Heilung gab; warum die beiden Erwachsenen nicht mehr miteinander zurecht kamen und es nur in der Verantwortung von ihnen beiden selbst lag. Kinder müssen hier keinesfalls geschont werden, sondern benötigen klares Darübersprechen, Hintergründe des Geschehens und (er)klärende Ansicht. Gehen die nahen Menschen verbergend und vermeintlich schonend mit Abläufen von Krankheit, Tod und Verlust um, können Kinder in der Folge sehr diffuse Ängste und Schuldgefühle entwickeln. (Nun ist Großmutter tot, weil ich nicht mehr auf Zehenspitzen durchs Haus laufen wollte. Nun ist mein Schwesterchen gestorben, weil ich sie wegen der Bevorzugung durch meine Eltern haßte und ihr den Tod wünschte.)

Ist denn das normal? – Von der Aufgabe, den Trauerschmerz zu erfahren

Die häufigste Frage, die uns in den Trauerbegleitungen gestellt wird, ist: „Werde ich nun verrückt?" Das Gewitter der verschiedensten, unter Umständen einander sehr schnell ablösenden Gefühle, das auf den Trauernden einprasselt, verunsichert ihn sehr. Hatte er gerade noch eine wehe Traurigkeit erspürt, erlebt er im nächsten Moment vage Erleichterung, daß dem verlorenen Partner möglicherweise Schlimmeres erspart geblieben ist. Schreibt er heute eine echt empfundene Dankeskarte an die behandelnden Krankenhausärzte für alle Hilfestellung, rast er morgen vielleicht vor Wut über vermutete unterlassene Leistungen und die Unfähigkeit der Medizin. Wird schon in ruhigeren Lebenstagen der naturgemäß wechselhafte Charakter von Gefühlen nicht als stabilisierend erlebt, verheißt das nun stattfindende Durcheinander den Verlust von Bodenhaftung und Geistesklarheit. Immer wieder neu berührend ist die Erfahrung, daß das Erlauben dieser Gefühle und das Einordnen ins Normale tief beruhigt. Es gilt für Trauernde und ihre Begleiter zu erkennen, daß alle vorhandenen Gefühle, auch und besonders die gesellschaftlich gemeinhin nicht akzeptierten, allein aus dem Grunde angemessen sind, weil sie da sind.

Ein Mann, dessen junge Frau im Sterben liegt, erzählte beim ersten Hausbesuch von der Ungerechtigkeit des Todes. Wenn er in der Nachbarschaft all die gesunden Frauen gleichen Alters sehe, verspüre er gelegentlich so etwas wie Neid. Solche Gedanken kenne er nicht bei sich. Er wisse zwar, daß das nicht richtig sei, und versuche dagegen anzugehen. Sein alkoholabhängiger Schwiegervater, den niemand mehr so recht um sich haben wolle und für Familie und Gesellschaft eine große Belastung darstelle, dürfe leben, seine Frau aber müsse nun bald gehen.

Es fiel auf, daß er sich beim Reden immer leicht auf den Mund schlug oder hinter der vorgehaltenen Hand sprach. Im Laufe der Besuche des Hausbetreuungsdienstes ermutigte ihn das Team zur weiteren Äußerungen und zeigte Verständnis für seine Gefühle. Nach dem Tod seiner Frau äußerte er in einer Nachbesprechung, nun begreife er, daß er die ganze Zeit vorab schon um seine Frau getrauert habe. Bisher habe er gedacht, er hätte nur Wut und Haß verspürt.

Trauernde Menschen dürfen zu ihrer ureigenen Art der Verlustbearbeitung stehen. Gerade die unterdrückten Gefühle, Gedanken, Anklagen bahnen sich ihren unterirdischen, den Ausbruch vorbereitenden Weg und erscheinen dann in ihrer Eruption als nicht mehr angemessen und bezuglos. Trauernde sollten erfahren, daß nichts mehr normal ist, daß sie deswegen aber noch lange nicht verrückt sind. Verrückt ist die Bewertung von Geschehnissen und Begegnungen, nämlich weggerückt von einem früheren Ort, an dem sie stattgefunden haben, weil es diesen früheren Ort nicht mehr gibt.

Eine weitere Schwierigkeit von Trauer und besonders innerhalb der Trauergruppe ist der Vergleich des eigenen Erlebens mit fremdem Trauererleben. Verunsichert wird dann manchmal versucht, von anderen eine Möglichkeit des Trauerumgangs ,abzugucken'. Es liegt auf der Hand, daß dies nur schwerlich gelingen kann, weil man eben nicht ,dieser andere' ist. Eltern geben an ihre Kinder viel zu selten gelungene Trauerstrategien weiter, Trauerverhalten wird nicht mehr erlernt. Es gibt kein Trauermodell, worauf zurückzugreifen ist. Deshalb gibt es häufig kein Vertrauen in einen erworbenen persönlichen Umgang mit Verlust- oder Trauererleben.

Seine ureigene Trauer leben

Die Umwelt eines Trauernden äußert häufig nur solange Verständnis für seine Situation, als sich die Trauer in einer Art und Weise zeigt, die die Beziehung und das System nicht gefährden. Das gilt für einen Trauerverlauf, der unauffällig, heroisch-still, in einem vorbestimmten örtlichen und zeitlichen Rahmen und deutlich fortschreitend, d.h. dessen Ende absehbar ist. Mir ist noch sehr deutlich die lobende Haltung der Medien im Ohr, als vor vielen Jahren das Attentat auf John F. Kennedy verübt wurde und seine Witwe in aufrechter Haltung und perfektem Stil der Welt das Gesicht von Tapferkeit zeigte. Schon damals ermaß ich das erniedrigende Gefühl von Versagen und Fehltrauern so manch anderer Witwe, die sich an diesem Bilde messen lassen mußte oder maß. Der Preis der Aufhebung des Trauertabus ist häufig die Forderung, daß, wenn schon Trauer zugelassen wird, sie dann wenigstens in einer vorgegebenen Form verläuft. Ausufernde Trauer oder auch Trauer, die sich nicht ausdrückt, gilt als nicht richtig. Auch in gut gemeinten Begleitungen wird häufig gewünscht, daß Trauer ge- und entäußert wird. Wenn das Äußern als wesentliche Hilfe erlebt wird, wenn es wichtig ist, Gefühle und Gedanken über den Verstorbenen und den Tod auszudrücken, kann es erleichternd sein, sich Menschen zu suchen, mit denen dies gelingt. Es ist wichtig zu wissen, wem und wie weit ich mich mitteilen möchte. Hin und wieder erleben wir auch, daß uns jemand nicht wirklich anteilnehmend zuhört oder er uns allzu schnell mit einem guten Rat trösten will. Das ist schmerzhaft, aber hier gilt es zu bedenken, daß uns auch vor dem Trauerfall nicht immer zugehört worden ist oder wir verstanden wurden. Es gibt aber auch viele Menschen, die nicht das Bedürfnis haben, sich über das, was sie bewegt, über den Toten, den Tod und die Vielfalt der Erfahrungen und Gefühle in der Trauer auszutauschen. Sie möchten mit all dem lieber in der Stille auf ihre Weise umgehen.

In einer Supervisionsgruppe wird von der Begleitung eines älteren Witwers berichtet, der zwar jede Woche zum festgelegten Termin erscheine, weil der Kaplan seiner Gemeinde ihn dorthin geschickt hätte und glaube, daß es ihm gut tue, über seine Frau, ihr gemeinsames Leben und seinen Verlust zu sprechen. Sein Verhalten während der Stunde lasse aber zunehmend darauf schließen, daß er sich höchst unwohl fühle. Die gutherzige junge Begleiterin schildert, daß er einfach nicht wisse, was er erzählen solle, auch keine Lust habe, seine Gefühle auf Papier zu malen und ihren Vorschlag, eine Entspannungsübung oder ein Trauerritual durchzuführen, ebenfalls ablehne. Sie sei mit ihrem Latein am Ende. Auf die Frage, ob sie denn je darüber gesprochen hätten, was ihm trotz oder in seiner Trauer gut tue, vermerkte sie: doch, Gartenarbeit. Sein Weg der Trauerbekundung war offensichtlich der Aufenthalt im Freien, das Umgraben der Erde, das Entfernen von Unkraut, das Beschneiden alter Triebe und das Wachsensehen und -lassen neuer Pflänzchen. Bei diesen Tätigkeiten konnte er sich spüren, seinem Schmerz und seiner Hoffnung Ausdruck geben. Im Kontakt mit der Erde war es ihm im wahrsten Sinne des Wortes möglich, den Boden unter seinen Füßen nicht zu verlieren.

Eine fatale Fehlleistung in der Trauer kann die gesellschaftlich hoch bewertete Haltung sein, sich in Griff zu nehmen, sich im Zaum zu halten. Die dazu passende sprachliche Äußerung heißt: Wie es drinnen aussieht, geht niemanden etwas an.

Angehörige und Heimbetreuer einer alten Ostpreußin baten um Beratung und Hilfe. Die 80jährige, eine Dame von untadeligem Äußeren, zeigte seit einiger Zeit Zeichen einer tiefen depressiven Verstimmung und weine fast unablässig, niemand, auch sie selbst wisse nicht, warum. Die Ergebnisse vieler intensiver Gespräche mit ihr förderten eine verschobene Trauerbiographie zutage. Als 20jährige hätte sie ihren über alles geliebten Vater verloren, aber wie habe sie denn um ihn trauern können, wo er doch einen solch schönen Tod gestorben sei. Seine letzten Worte auf dem Totenbett seien gewesen: „Ja, Jesus, ich komme", von einem Strahlen seines ganzen Gesichtes begleitet. Später sei ihr Lieblingsbruder gestorben, ein katholischer Priester mit beispielhafter Frömmigkeit und Hingabe an seinen Dienst. Auch er sei sehr gefaßt und erwartungsvoll gestorben.

97

Wenn sie um ihn getrauert hätte, hätte dies doch nur ihren Kleinmut und mangelnden Glauben bewiesen. Also habe sie sich auch hier zusammengerissen. Nach viel Erzählen ihrer Zuneigung zu den beiden Männern, der Umstände ihres Sterbens und der Zeit danach gingen ihre Anfälle von Traurigkeit zwar nicht schlagartig weg, verloren aber zunehmend den Schatten der Unerklärlichkeit. Wenn sie nun weine, so sagte sie, hätte dies den Charakter von Beweinen, sie wisse, um wem und was sie weine. Das mache ihr Weinen aushaltbar und erleichternd, vielleicht hätte sie dann irgendwann einmal ausgeweint.

Trauernde dürfen sich aus dem harten Griff der Kontrolle nehmen. Sie können sich vergegenwärtigen, daß es in dieser Schonzeit nichts gibt, was sie tun müssen, sagen müssen, absolvieren müssen, erledigen müssen. Sie dürfen ihre Antriebslosigkeit leben, dürfen schnell gekränkt sein, müssen nicht auf Mitmenschen zugehen, dürfen Ansprüche äußern und auch unverbindlich sein. Der Trauerprozeß bringt es mit sich, daß deutlich unterschieden wird zwischen dem existentiell Wesentlichen im Leben und dem Beiwerk – auf letzteres muß der Trauernde im Moment keine Rücksicht nehmen, auch wenn es das Sein in einer vom Beiwerk geprägten Umgebung erschwert.

Trauernde müssen in dieser Zeit auch nicht versuchen, ihr verändertes Leben in den Griff zu bekommen. Die sinnvollste Form zu handeln ist nun vielleicht, nicht zu handeln. Sie dürfen ruhig bleiben und verharren. Es gilt, den status quo zu halten und keine größeren Entscheidungen zu treffen (Hausverkauf, Stellenwechsel, Umzug), wozu sie gelegentlich von Freunden und Familie gedrängt werden.

Wie oft willst du das noch erzählen! –
Was gut tut und was nicht gut tut

Menschen in Trauer berichten häufig von Einsamkeit und Ausschluß aus dem Leben. Der Umgebung – anfangs betroffen – fällt es zunehmend schwer zu ertragen, daß es mit der Trauer nicht schnell weitergeht. Eine Reihe von beliebten Redewendungen, hinter denen sich manchmal Doppelbotschaften verbergen können, werden weitergereicht. Du mußt unter Leute (könnte auch heißen: Da müssen andere her – mir wird es zuviel); melde dich, wenn du mich brauchst (könnte auch heißen: Ich stehe eigentlich nicht zur Verfügung, nur im äußersten Notfall); sei froh, daß du XY noch hast (könnte auch heißen: Reiß dich zusammen); anderen geht es noch schlechter (könnte auch heißen: Du nimmst dich zu wichtig, läßt dich hängen); du mußt dich ablenken (könnte auch heißen: wie oft willst du das noch erzählen? du nervst.)

Die Übersetzungen vermitteln, daß zwar Angebote gemacht werden, der trauernde Mensch aber intuitiv versteht, daß er sie besser nicht annehmen soll.

Neben ihrem Schmerz müssen Trauernde auch noch die Ungeduld und das Unverständnis der anderen aushalten.

Eine Mutter von drei Kindern hatte ihr jüngstes durch einen Verkehrsunfall verloren. Sie empfand es als eine Ungeheuerlichkeit, daß sie von ihrer Umgebung immer wieder darauf hingewiesen wurde, daß ihr ja noch zwei Kinder verblieben seien. Eine andere Mutter gab ihr gegenüber sogar in einem Gespräch zu bedenken, daß andere Frauen überhaupt keine Kinder hätten, sie jedoch immerhin zwei. Als dies noch mit dem Hinweis gekrönt wurde, daß sie sich nun in ihrem Verlust nicht hängen lassen dürfe, weil sie doch den beiden Kindern gegenüber eine besondere Verantwortung habe, verstand die junge Mutter, daß das Vermis-

sen gerade dieser Tochter in ihrer Einzigartigkeit nicht verstanden und geteilt wurde, sondern aufgewogen und berechnet. Sie zog sich nur noch mehr zurück.

Trauer verursacht eine besondere Dünnhäutigkeit und innere Verletzlichkeit. Uns werden immer wieder Trostsprüche, Sinnangebote, Ratschläge überliefert, die gemessen an ihrer Wirkung eher an Schläge denn an beruhigende Zuwendung und lindernde Zärtlichkeit denken lassen.

Hintergrund solchen Verhaltens ist meistens eine grenzenlose Verlegenheit im Umgang mit Leid und häufig sogar der fehlgehende Versuch, besonders hilfreich und wegweisend zu sein. In solchen Hilfsversuchen wird der Zustand der Trauer gesehen, so gut wie nie aber der trauernde Mensch selber.

Eine sehr lebhafte, alte, wenig an Normen angepaßte Witwe erzählte mir, daß sie auf einem einzigen Einkaufsgang durch die kleine Stadt acht solcher wohlgemeinter Hiebe entgegengenommen habe. Ihre erste Reaktion war, sich die Einkäufe von einer Nachbarin besorgen zu lassen. Nachdem ihr dies zu langweilig geworden war, legte sie sich – wie sie sagte – ein ‚Abweisegesicht' zu, das verhindern sollte, daß Menschen sie ansprachen. Aber auch das befriedigte sie nicht nachhaltig.

Nach weiteren Wochen erzählte sie mir mit viel Schalk in den Augen und nicht wenig Boshaftigkeit, daß sie im kostenlos erscheinenden Wochenblatt der Stadt eine umrandete Anzeige in der Nähe der Totenanzeigen mit ihren Initialen hatte schalten lassen, in der sie folgendes schrieb: „Bevor Ihr mir nächstes Mal irgendeinen Trostscheiß sagt, zählt bitte bis drei. Dann sagt, was Ihr auf dem Herzen spürt."

Es ist unabdingbar zu unterscheiden, wer mich in meiner Trauer ernst nimmt und wer nur allgemeine Floskeln von sich gibt, wer meine Trauer fördert und wer sie behindert.

Trauernde sollten sehr genau überlegen – und hier ihrem Gefühl folgen – wen sie in der nächsten Zeit meiden sollten und wen verstärkt aufsuchen.

Religion – eine Hilfe in der Trauer?

Viele Trauernde berichten, daß ihnen in dieser schweren Zeit ihr Glaube ein erfahrbarer Halt war. Den Gedanken, daß es später ein Wiedersehen im Jenseits geben wird, beschreiben sie als tröstlich, weil sie so die Ferne des geliebten Menschen als vorübergehend ansehen können. Über einen geistigen Gedankenaustausch und Gebete mit und für den Verstorbenen können sie die Grenzen von hier und dort, Zeit und Ewigkeit hoffend aufheben und ihre religiöse Eingebundenheit als tragend erleben.

Für viele aber ist diese Erfahrung schwierig.

In seinem Büchlein ‚A Grief observed‘, dem Tagebuch der eigenen Trauer, schreibt C. S. Lewis: „Sprecht mir von der Wahrheit der Religion, und ich will Euch gerne zuhören. Sprecht mir von der Pflicht der Religion, und ich will Euch unterwürfig zuhören. Aber kommt mir nicht und sprecht von den Tröstungen der Religion, oder ich schöpfe gegen Euch Verdacht, daß Ihr nichts versteht."

Bisher suchten Menschen in einer Welt des grauenhaften Leidens und Sterbens, in der sie unter der Abwesenheit Gottes litten, zu Gott zu beten. Die biblischen Geschichten über den Hiob und den am Kreuz sterbenden Jesus informieren uns nicht darüber, wie und was Hiob und Jesus authentisch in ihren Leidenssituationen zu Gott gebetet haben. Sie stellen dar, wie sich die Autoren der Texte vorgestellt haben, was leidende Menschen in ihrer Erfahrung der Gottesferne zu Gott sprechen könnten. Hiob konnte offenbar, wenn er in seiner Situation zu Gott sprechen wollte, nicht so sprechen, wie es seine theologisierenden Freunde taten. Diese unterstellten ja zwischen Mensch und Gott ein Tauschgeschäft: Wenn sich der Mensch wohlverhält, muß Gott es ihm wohlergehen lassen. Wenn es dem Menschen schlechtgeht, muß er sich Gott gegenüber schlecht verhalten haben. Hiob kann in seiner Lage zu Gott nicht diesem Tauschgeschäft gemäß sprechen, wenn er vor sich und seinen Freunden und auch vor Gott aufrichtig sprechen will. Gott lobt ihn deswegen und tadelt seine Freunde. Auch wenn Jesus am Kreuz von seiner Gottverlassenheit spricht, – „Mein Gott, mein Gott, warum hast Du mich verlassen" –, betet er klagend-fragend zu dem fernen Gott, dessen Nähe er jetzt nicht erfährt.

Gibt es solche Gebete zu einem Gott auch heute noch angesichts der Leiden, wo Gott endgültig zu schweigen scheint? Ich beschränke mich bei einem Antwortversuch auf diese Frage auf einige Aussagen von Elie Wiesel, der in Auschwitz war und überlebte. Er berichtet, daß es in Auschwitz und nach Auschwitz für Menschen grundsätzlich zwei Möglichkeiten des Gebets gibt: Auflehnung gegen Gott, weil sich der Vater im Himmel nicht als so groß, gerecht und gütig erwiesen hat, wie es Gottes Freunde gesagt haben, sowie Beschwörung der Gerechtigkeit und Liebe Gottes von Menschen, die an der Abwesenheit seiner Liebe leiden. „Wenn einer so handelt und redet, dann wird sein Nein zu einem Ja, seine Weigerung zu beten wird selbst zum Gebet."[19]

Psalm einer trauernden Frau

Mir ist so schwer, Herr
in meinem Keller
der Einsamkeit

---

[19] Elie Wiesel: Macht Gebete aus meinen Geschichten. Essays eines Betroffenen. Freiburg 1986 (2. Aufl.) S. 41.

umgibt mich
lähmendes Entsetzen;
das Nichts macht sich breit
und erobert mich seit Wochen mehr und mehr

Auf welcher glückselig
heitren Insel habe ich
gesessen
bis daß es kam,
das Wort,
das Schwert,
und schnitt mir
tief ins Fleisch.

So jung das Leben,
das geopfert werden soll.

So machen alle sich bereit
zum Kampf,
zücken die Messer,
Pillen, Säfte.
Das Gift, es fließt
nur so in dich hinein, und mir zerfrißt
es grausam meine Seele.

Was haben wir getan,
daß es uns traf?
Der Sturz,
so grundlos tief,
das Licht verändert sich
im Fallen.
Was nützt das Fragen
nach dem Sinn,
der Zweifel bohrt,
so sage mir, gibt es

den denn?
So wäre ich getröstet,
wär'n Zufall und Chaos
gewichen.

Und war es nicht genug
der Grausamkeit, dem Kind
das Leben fast zu nehmen?
Nein, jetzt hast du
es fallenlassen,
das Schwert der
Einsamkeit;
mir alle Freunde
weggerissen,
mich jeder mitgeweinten
Träne auch noch beraubt.

Warum auch das noch,
frage ich.
Und wieder keine Antwort.

Ich könnte toben,
rasen, schreien,
zerschlagen alles
um mich rum,
an Tränenströmen fast ersticken,
doch besser alles das,
als diese
schrecklich dumpfe Kälte.

O Herr, so nimm
mich denn in deine Arme,
bring Licht und Weite mir,
erlaube mich mit
meiner Angst, mit

meinem Schrecken
und der Not.

Die Ahnung wächst
als leiser Strahl,
es gibt einen Weg,
im Dunkeln noch;
doch folgen will ich
seinem Locken.
Vielleicht geht Leben weiter;
unendlich an der Zahl
die Toten,
die Trauer türmt sich hoch,
doch aus dem Tod
erwächst das Leben
und Wind geht
hin und her
und weiter.
Ich will versuchen
mich zu wiegen
und Teil zu sein
von Werden und Vergehn.

„Das Leben ist durch und durch anders" – Von der Aufgabe, sich an eine Welt anzupassen, in der der verlorene Mensch fehlt

Ist es zu Beginn des Trauerprozesses wichtig, den Verlust überhaupt erst anzuerkennen und im Erleben fühlbar sein zu lassen, so haben wir es zu einem späteren Zeitpunkt mit der großen Anstrengung zu tun, das Leben, das mit dem verlorenen Menschen gefüllt und auf ihn ausgerichtet war, ohne ihn weiterzuleben. Dieses Leben erscheint dem Trauernden hohl und ohne Bezüge.

105

Waren die Gedanken und Tätigkeiten vorher auf die Bezugsperson gerichtet, so gehen sie nun ins Leere. So viele zur Gewohnheit gewordenen Impulse werden vereitelt. So viele Gedanken, Gefühle und Handlungen, die den geliebten Menschen zum Gegenstand hatten, sind ihres Zieles beraubt. Gefühle und Zuwendungen erhalten weder Erwiderung noch Erfüllung. Eine der kostbarsten Erfahrungen, die ein gemeinsam verbrachter Lebenszeitraum mit sich bringt, ist das ständige Anstoßen an etwas sehr Nahes und Vertrautes und doch jederzeit unverkennbar anderes, Widerstand Leistendes, Hinterfragendes. So sind viele Gefühle, Erkenntnisse, Erlebnisse und Vorstellungen im Leben an die Erfahrungen mit einem anderen Menschen, dem Partner, angekoppelt. Entweder hat man etwas gemeinsam durchlebt oder eigen Erlebtes einander mitgeteilt; schon Mitteilen allein macht Erlebtes und Gedachtes fühlbar, greifbar, dauerhaft, wirklich, ankernd und sichernd.

Nun ist dieser besondere Mensch, der Teilhaber des Lebens, nicht mehr da. Das Leben wird schal, ungespürt, ungelebt. Eine Starre breitet sich aus, die nur durch die Rückkehr des verlorenen Menschen durchbrochen zu werden vermeint. Aber diese Rückkehr ist eine Illusion.

Wo finde ich ihn? – Vom Aufsuchen gemeinsamer Orte

Also macht sich der Trauernde auf, wenn schon nicht mit dem Geliebten, so doch wenigstens an Orte, wo er mit ihm gewesen war oder auf die Erinnerung an ihn stößt, die Erfahrung des Miteinanderseins und Teilens wieder zu finden.

Ehemalige Urlaubsorte werden bereist, gemeinsame Lieblingsstädte und Landschaften von neuem aufgesucht. An all diesen Orten ist die Anwesenheit des Verlorenen wohlig spürbar, gleichzeitig wird aber auch die Abwesenheit noch einmal oder um so mehr wie ein Schwerthieb erlebt.

Manchmal werden solche realen Orte aber gerade wegen des erwarteten Trennungsschmerzes vermieden. Dieses Abwehrsystem, das zum Schutz des trauernden Ich benutzt wird, existiert und funktioniert im Schlaf nicht auf die gleiche Weise wie zu Wachzeiten. Dann können Träume zu solchen Orten werden, in denen die Leidtragenden frei sind, die Gefühle durch ein Szenario zum Ausdruck kommen zu lassen, das hinter Symbolen und Metaphern ihre große Suchsehnsucht aufzeigt. Diese ist dann auch in der Lage, ein inniges Treffen zu inszenieren. Die trauerbezogenen Träume haben neben diesem Wiedersehen auch häufig das Motiv des Entschwindens, Verblassens, Auflösens des Verlorenen zum Inhalt und tragen so deutlich die Handschrift der Wahrheit.

Ein Ort kann sogar der eigene Körper sein, der als Liebhabender und Liebgehabter belebt war und nun einem verlassenen Haus gleicht. Gerade an diesem intimen Ort kann die Süße der Erinnerung sowie die Gnadenlosigkeit der Abwesenheit erlebt werden; in den Momenten des Bedürfnisses nach Sexualität und Zärtlichkeit wird das Erlebnis des Verlustes wieder übermächtig.

Auch Gespräche, in denen der vermißte Mensch so lebendig dargestellt und beschrieben wird, daß er leibhaftig da zu sein scheint, sind solche Orte. Ebenso gemeinsame, nun unterbrochene Pläne und Projekte, in deren Weiterführung sehr viel echte Nähe und Tiefe, über den Tod dauernde Verbundenheit erlebbar wird.

Erfahrungsgemäß eignet sich Musik besonders leicht als Trägerelement dieses Suchens und Findens und der daran gekoppelten schmerzlichen, aber äußerst wichtigen Aufgabe des Sich-Wieder-Trennens. Schon die ersten Töne der Lieblingsmelodie, des „gemeinsamen" Liedes oder Stückes, können die Verbindung und Gemeinschaft unvermittelt herstellen und die entsprechende Empfindung hierzu aufleben lassen. Mit dem Verhallen der Musik klingt auch die Gegenwärtigkeit des Gesuchten wieder langsam aus. In diesem Rhythmus liegt die gesundende Wirkung der Erinnerungsarbeit. Bei dem Verlorenen wieder anzukommen trotz des klaren Wissens, daß dies nicht in der gemeinhin formulierten Definition von Wirklichkeit geschieht, ist mildernd und heilsam.

Als Beispiel hier ein Suchgedicht eines jungen Mannes, der die wichtigsten gemeinsam erlebten Höhepunkte vergangener Zeiten im hinter ihm liegenden Trauerjahr an den allein verlebten Festtagen festmacht und trostvoll erfährt, daß seine Freundin zwar nicht mehr dabei war, dafür aber in den Erfahrungen, Gegenständen, Geschenken wie dabei.

Eine Art von Weiterleben nach dem Tod.

Wo warst du?

Wo warst du an meinem Geburtstag?
Wo warst du auf dem Pink Floyd Konzert?
Wo warst du auf der Kirmes?
Wo warst du Weihnachten?
Wo warst du im Ahorn?
Wo warst du Silvester?
Wo warst du an deinem Geburtstag?
Wo warst du im Skiurlaub?
Wo warst du vor der 'Alten Post'?
Wo warst du Ostern?
Wo warst du am 1. Mai?
Wo warst du Pfingsten?

Wo bist du heute?

Du bist die Schuhe, die ich geschenkt bekam,
Du bist die Melodie, die ich nicht vergessen kann,
Du bist der Teddybär, den ich gewonnen hab,
Du bist der Strohstern, den ich ins Fenster hing,

Du bist das Bier, das ich auf dich trank,
Du bist die Rakete, die den ganzen Himmel erhellte
Du bist die Wunderkerze, die dein Grab bedeckte,
Du bist der Buckel, der aus der Bahn mich warf,
Du bist der Sonnenstrahl, der meine Haut zum erstenmal
verbrannte,
Du bist der Schokoladenhase, den ich aß,
Du bist der Baum, den auf dein Grab ich stellte,
Du bist das Lied, das aus dem Radio kommt,
Du bist der Rhythmus, der mich am Tanzen hält.

Ken Wilber beschreibt in seinem Buch „Mut und Gnade" seine Gedanken zum Tode seiner Frau mit dem eindrucksvollen Satz: „Und, Treya, Liebste, ich verspreche, daß ich dich immer und immer und immer wieder finden werde in meinem Herzen als das simple Gewahrsein dessen, was ist."[20]

Trauernde sollten ermutigt werden, sich diese Orte, Inseln der Erholung, des Ausruhens und der Linderung inmitten ihrer Einsamkeit selber auszusuchen oder zu schaffen. Wichtig ist, seinen spezifischen Ort der Begegnung oder mehrere Orte herauszufinden und sich nicht mit von außen vorgeschlagenen, gemeinhin als passende Trauerstätten anerkannten Orten zu begnügen.

Für eine Mutter war das Grab ihres Sohnes der denkbar und fühlbar schlechteste Platz für den Kontakt, sie fürchtete aber das „Urteil der Leute", wenn sie den Friedhof nicht regelmäßig aufsuchte. Für einen 85jährigen Mann dagegen war das Grab der Frau auf lange Jahre hin der Ort, wo er sie fand und mit ihr erzählen konnte, während in dem 30 Jahre gemeinsam bewohnten Haus das Klingen seiner Seele nicht beantwortet wurde.

---

[20] Ken Wilber: Mut und Gnade, Scherz 1994, S. 440.

Wie hätte sie es gemacht? – Der verstorbene Mensch als innerer Begleiter und Ratgeber

In der Zeit des Verlangens und Sehnens nach dem hergegebenen Menschen wird die Lücke, die er hinterlassen hat, in Konflikt- und Problemsituationen des Lebens besonders deutlich. In Krisen kann der Trauernde eine Fülle von Ängsten entwickeln, ob er die Zukunft mit all ihren Problemen, der Einsamkeit, der Anpassung an neue Verhältnisse, der finanziellen Sicherung bewältigen wird. In seiner Hilflosigkeit wendet er sich gedanklich an den Verstorbenen und fragt sich und ihn, wie er in dieser Situation gehandelt hätte. Sich in einer schwierigen und zwiespältigen Lebenslage zu fragen: „Was hätte mein Partner nun getan oder geraten", ist völlig berechtigt; der verlorene Partner wird mit den Ansichten und Fähigkeiten, die ihm zugeordnet sind, gewissermaßen zum Leitbild des Handelns. So kann er als Stütze und Halt erlebt werden. Obschon er tatsächlich nicht mehr zur Verfügung steht, sind genügend Erinnerungen und Vorstellungen in der gemeinsamen Biographie hinterlassen, die für eine gemeinsame Entscheidungsfindung herangezogen werden können. Solange diese Entscheidung eine aus gemeinsamem Geist getragene ist, die des Hinterbliebenen und die gemutmaßte des toten Menschen, hat dieses Vorgehen etwas Hilfreiches.

Nicht ablösend und damit dem Fortleben als einzelner hinderlich wäre der Versuch, das Leben genauso fortzuführen, wie es der vermißte Mensch getan hätte.

Einem älteren Witwer fehlt seine Frau so sehr, daß er sich entgegen zu ihren Lebzeiten geäußerter, gegenteiliger, sogar abwertender Ansichten entschließt, in eine Glaubensgemeinschaft einzutreten, die seiner Frau Gemeinschaftsgefühl, Sinn und Hoffnung vermittelt hatte. Er bemüht sich redlich, ihren Platz einzunehmen, besucht regelmäßig die

Versammlungsabende und übernimmt eine Reihe von Auf-
gaben innerhalb der Gruppe. Nach mehr als zwei Jahren
scheidet er enttäuscht und im Streit wieder aus der Reli-
gionsgemeinschaft aus.

Aus mangelnder Bestimmung und Benennung des eigenen
Selbst oder fehlgeleitetem Treueverständnis wird manches
Mal eine vollkommene Gleichsetzung mit dem Verlorenen versucht. Diese muß aber scheitern, da man zwar möglicherweise Kontakt zum anderen behält und ihn weiter
fühlt, aber keinen Kontakt mehr zu sich selber hat, kein
Fühlen seiner selbst erlebt. Das eigene Leben wird weggege-
ben für die Auferstehung des anderen, was aber keinen
Nutzen und keine Wirkung mehr hat.

So sinnvoll es sein kann, mit dem Verstorbenen als Ver-
storbenem in Kontakt zu treten und mit ihm bei mancher-
lei Fragestellungen ein inneres Zwiegespräch zu führen, so
birgt diese Verlebendigung der Beziehung auch große Gefahren.

Eine Mutter von vier Kindern richtet sich im Schlafzim-
mer des Hauses einen ‚Trauertempel' ein, in dem sie auf
der Kommode und der zweiten Betthälfte zahlreiche Fotos,
Gegenstände und Kleidungsstücke des toten Ehemanns an-
häuft und in den sie sich mehrere Stunden am Tag zurück-
zieht. Dort fühlt sie sich in Kontakt zum Verstorbenen und
führt Gespräche mit ihm.

Den Rest des Tages verbringt sie mit ihren Kindern
und ihren Pflichten, „weggetreten" und „als leblose Hülle",
wie die Kinder sie erleben. Sie sehne sich nur danach,
sich sobald wie möglich wieder im Schlafzimmer einzu-
schließen.

Diese Witwe spaltet ihr Dasein in zwei Teile: das Leben mit
dem Verstorbenen und das ohne ihn. Der Tote wird von der

restlichen psychischen Organisation isoliert und führt mit ihr ein eigenes Leben, das mit dem übrigen Denken und Fühlen in keinem Zusammenhang steht. Eine solche Isolierung benötigt scheinbar keine veränderte Umwelt; das Leben scheint ungestört weiterzugehen, während der Hinterbliebene den Verstorbenen für sich „behält" und nicht mehr am Leben teilnimmt.

Die Kontaktaufnahme mit dem verlorenen Menschen aber hat ursprünglich ein lebentragendes und -förderndes Anliegen für den Trauernden; die Kraftquelle, die aus dem Kontakt gewonnen werden kann, sollte – wenn auch nur in Anklängen – auch außerhalb des Kontaktes und über ihn hinaus spürbar wirken. Bleiben aber die Bewußtseinszustände getrennt, sollte sich der Trauernde um Hilfe an andere wenden.

Auch ist die Gefahr groß, sich in einer vermeintlich kuscheligen und heimeligen Trauerecke mit dem Verstorbenen als Lebensersatz einzurichten, falls dieser Zustand nicht vorübergeht.

Eine Frau ist fest davon überzeugt, daß ihr seit vielen Jahr verstorbener Mann als Geistkörper immer um sie sei, sie schütze und leite. Sie hatte sich angewöhnt, Zettelchen mit Fragen an ihn in die Zuckerdose im verschlossenen Schrank zu legen. Aus der Stellung der Zuckerdose am nächsten Tag erschloß sie seine Antworten und vertrat die Meinung, daß er so mit ihr in einem engen, wenn auch nicht sprachlichen Austausch stünde und in ihr Leben verantwortlich eingriffe.

In diesem spiritistischen Ritual blieben die Energien auf Dauer gebunden, und die Zuordnung zu einer erschwerten, nicht mehr gesunden Trauer liegt auf der Hand.

Glorifizierung und Bewertung (Zurecht-rücken)

Frau N., 73 Jahre, kam nach dem Herztod ihres Mannes in die Einzelbegleitung.

Mal um Mal erzählte sie von dem großartigsten Mann, klügsten Freund, großherzigsten Partner und liebevollsten Ehemann. Die Gesichtszüge des Verstorbenen auf einem mitgebrachten Foto ließen diese Eigenschaften nicht ohne weiteres erschließen und nachvollziehen. Jede behutsame Eingabe, ob es nicht auch weniger gute Eigenschaften an ihm gegeben habe, wurde heftig zurückgewiesen. Ein Jahr wurde diese Verherrlichung durchgehalten. Dann kam Frau N. aus einem vierwöchigen Kururlaub zurück. Beim ersten Besuch danach fiel sofort ihr neues Gesicht auf: erleichtert und sehr entschlossen. Schon beim Hinsetzen äußerte sie den Satz, der ihre Situation fortan entscheidend änderte: „Wenn ich's mir recht überlege, so hat mein Otto mich mit dem Haushaltsgeld sehr knapp gehalten." Als sie sich während ihres Kuraufenthaltes in einem Café entgegen sonstiger Gewohnheiten ein zweites Stück Kuchen genehmigt hatte, war ihr ganz plötzlich die Kleinlichkeit ihres Mannes aufgefallen, der dies früher verhindert hatte, indem er unanfechtbare Regeln von Sparsamkeit und Genügsamkeit aufgestellt hatte.

In der Folge erzählte sie von einer Reihe anderer Vorkommnisse und Eigenschaften ihres Mannes, neben denen sich der zu Tage getretene Geiz vergleichsweise harmlos ausnahm. Mit diesen Bekenntnissen rückte sie das Bild des Verstorbenen zurecht, sah gleichermaßen gute und schlechte Charaktermerkmale, erkannte auch zunehmend eigene Anteile, und in dem Maße, wie sie vom Idealbild Abstand nahm, gewann sie neues Interesse und vertiefte Teilhabe am Leben.

Wie einleitend schon ausgeführt wurde, ist die Bewertung des Verlustes von entscheidender Bedeutung, um sich im weiteren Leben ohne den Verstorbenen zurechtzufinden. Zu Beginn einer Trauerreaktion mag die einseitige Auswahl positiver Erinnerungen (über die Toten nichts als Gutes sagen) dem Wunsch entspringen, dem Verstorbenen eine öffentliche Ehrung zuteil werden zu lassen.

Auch ist zu bedenken, daß es in den Erinnerungen nicht nur um die des verlorenen Menschen geht, sondern auch um die, die sich auf die eigenen Konflikte und Beziehungsfragen des Hinterbliebenen richten. Wenn der trauernde Mensch hier keine vorläufige positive Auswahl träfe, liefe er Gefahr, zusätzlich zu den tiefen Gefühlen der Verlassenheit von anderen Gefühlen überwältigt zu werden. So helfen vorübergehende Idealisierung und Glorifizierung auch dem Selbstwertgefühl des Trauernden. Stolz auf den Verlorenen sein zu können, stärkt die Sicherheit des geschwächten Ichs, die nun so dringend benötigt wird.

Eine dauernde Glorifizierung erschwert aber den Trauerverlauf. Je mehr der Verlorene aufgewertet wird, um so größer ist natürlich der Verlust, der mit seinem Fortgang eingetreten ist, um so uneinnehmbarer bleibt sein Platz für andere. Der Zurückgebliebene überzeichnet den Verlorenen als Halbgott und verarmt selbst.

Verherrlichung ist nicht selten Folge der Ambivalenz, die zwischen dem Verstorbenen und dem Hinterbliebenen bestanden hat. Es ist die Verleugnung der verdrängten Abneigung, die punktuell in jeder Liebesbeziehung auftritt und sein darf, hier aber nie zugestanden, geschweige denn ausgedrückt oder gar aufgearbeitet worden ist.

Eine 50jährige Frau kommt zur Therapie, weil die 92jährige Mutter, mit der sie eine fesselnd-abhängige Beziehung lebt, im Sterben liegt. Nach dem Tod des Vaters hatte sie 18 Jahre im Ehebett der Eltern geschlafen, Hand in Hand mit der Mutter, um diese zu trösten. Im therapeutischen Gespräch auftauchende Vermutungen, daß die auffallend extreme Panik, die sie beim Gedanken an den bevorstehen-

den Tod der Mutter erfaßt, verkappte, nicht eingestandene Aggressionen und Todeswünsche seien, lehnt sie natürlich ab. Im Laufe der Therapie berichtet sie von Asthmaanfällen, die in dieser Zeit erstmals auftraten und sie jahrzehntelang (nur nachts) quälten. Auf Wunsch der Therapeutin gibt sie dem Asthma einen Namen („Frau Bedrohlich") und nimmt Kontakt mit ihm auf. In dieser Arbeit erkennt sie, daß ihr das Asthma half, Gefühle zu leben (Einengung, Verlust von Lebensqualität, nicht mehr selbst zum Zuge zu kommen), die sie sich in der Beziehung zur Mutter konsequent versagte, da sie diese ja nur liebe. Eine Hausaufgabe im Laufe der nächsten Woche, nur einmal die kleinen und kleinsten Aversionen zu spüren, die sie der Mutter gegenüber hegte, offenbarte ihr nie erlaubte Gefühle von Ärger und Haß. Indem sie diese im geschützten Raum zunehmend äußerte, erleichterte sie sich und leistete nun im großen Maße vorgezogene Trauerarbeit.

Wichtig ist auch, negative Idealisierungen, Verdammungen zurechtzurücken.

Bei totaler Abwertung des Partners nach Trennung und Scheidung werden auch die frühen positiven Erfahrungen geleugnet. Als erster Schritt nach einer Trennung mag dies genauso sinnvoll sein wie die Glorifizierung nach dem Tod, weil es das Losreißen aus einer luftabschnürenden Umklammerung ermöglicht. Es müssen jedoch später die Erfahrung und das Eingeständnis hinzukommen, daß nicht alles in der Beziehung unter die brandmarkende und verwünschende Sichtweise zusammengedrängt werden darf und auch die eigenen Anteile, die zum Scheitern führten, angenommen werden dürfen.

Eine ihm angemessene Ansicht des verlorenen oder zu verlierenden Menschen hat nicht nur die reinigende Wirkung des Abreagierens, sondern ist zugleich verbunden mit einer Korrektur, Erweiterung und Freilegung der Selbsterkenntnis. Diese Selbsterkenntnis führt dann wieder zu einem stärkeren Selbstbezug, der Voraussetzung für den neuen Weltbezug ist.

Die „mehrgleisige" Trauer

Ein junger Mann bittet um einen Gesprächstermin, weil er glaubt, daß mit ihm „etwas nicht stimme". Nach dem kürzlichen Tode seines Vaters, eines anerkannten Politikers, empfinde er nur sehr vage und diffuse Gefühle, alles sei wie in einem Nebel. Er habe seinen Vater zwar gemocht, nehme ihm aber einen früheren Seitensprung noch sehr übel, bei dem er ihn in einem Hotelzimmer ertappt habe. Er habe diese Entdeckung zwar niemandem mitgeteilt, aber die Familie und vor allem die Mutter hätten es geahnt und sehr lange darunter gelitten.

Die anderen würden nun aber intensiv um den Vater trauern, nur er spüre so gut wie nichts. Er beneide die anderen um ihre Trauer.

Wenn wir an anderer Stelle davon sprachen, daß es zunächst notwendig sei, die Gesamtheit der Gefühle überhaupt erst einmal zustimmend zur Kenntnis zu nehmen und im Rahmen des Möglichen und Ziemlichen auf diesem Gefühlsboden zu agieren, so kann es zu einem späteren Zeitpunkt hilfreich sein, miteinander verwobene Gefühlsstränge voneinander zu trennen und ihnen gesondert nachzugehen. Ist es schon schwierig genug, schnell aufeinander folgende Emotionen spontan oder willentlich auszuhalten, so kann es tief verwirrend und fast nicht mehr handhabbar sein, miteinander vermischte Empfindungen zu ertragen.

Wir haben es in der *einen* Trauer um jemanden – besonders in der um Eltern und Partner, viel seltener in der um Kinder – häufig mit dem Problem mehrerer Trauerstränge zu tun. Einmal trauern wir – und das ist es, was wir üblicherweise unter Trauer verstehen – um den wirklichen Menschen, den wir verloren haben, um den, der er wirklich

116

war. Sehr häufig betrauern wir im gleichen Abschied aber auch den, den wir uns in dieser Person gewünscht hätten. Beides zu vermischen, bringt Verwirrung und läßt zuweilen überhaupt nichts mehr spüren. Beide Trauerstränge brauchen ihren jeweils eigenen Ausdruck, ihre eigene Bearbeitung, sogar ihren eigenen Ort.

Nach einigen Gesprächen miteinander, in denen es um seine große Enttäuschung dem Vater gegenüber ging, begann der junge Mann zu schreiben. In zahlreichen Briefen an den Verstorbenen entäußerte er an ihn seine Mißbilligung, seine Verachtung und seine Trauer, daß das Vaterbild aus frühen Kindertagen seinen Vorbildcharakter verloren habe und ins Wanken geraten sei wie ein zerbröckelndes Denkmal.

Gleichzeitig schrieb er aber auch zwei sehr poetische Märchen über einen König, der weise, umsichtig und geschickt sein weites Land regierte. In diesen Erzählungen gelang es ihm, wenn auch in märchenhafter Form, etwas vom Vater hinüberzuretten, was er vermißte und betrauern konnte.

Eine Not kann dieses Phänomen der Mehrgleisigkeit auch bei Trennung und Scheidung sein. Auch wenn die Trennung als erwünscht und einzige Lösung einer sich dem Ende zuneigenden Beziehung erlebt wird, bleibt bei beiden oft ein Gefühl von Versagthaben und Wehmut. Einerseits gibt es die Erleichterung, nun getrennte Wege gehen zu können, andererseits bleibt der leise Schmerz um das, was von der Begeisterung, Leichtigkeit und Zuversicht des Anfangs übriggeblieben ist. Hier sollte auch nicht das Trauergefühl zugunsten des Befreiungsgefühls geopfert oder vertuscht werden müssen.

Auch in dem so komplexen und verhüllt-leidvollen Bereich des Schwangerschaftsabbruchs wird von Beratern und Begleitern eine solche Mehrgleisigkeit von Trauer erlebt und beschrieben. Trotz der Kürze, Verwissenschaftlichung und Routine des Eingriffs, trotz der distanzierenden und gefühlsvermeidenden Begrifflichkeiten (Schwangerschafts*unterbrechung* – so als würde sie anschließend fortgeführt; Schwangerschafts*gewebe* – so als wäre hier noch nicht der ganze kleine Mensch angelegt) erfahren viele Frauen direkt oder verspätet in schmerzlicher Tiefe viele verschiedene Trauerstränge gleichzeitig:

die Trauer um das Ungeborene;
die Trauer um eine nicht tragende Partnerschaft;
die Trauer um ihr Bild von sich selbst;
die Trauer um Lebensentwürfe;
die Trauer um einen Hoffnungsträger;
die Trauer um das Beugen vor der Wirklichkeit;
die Trauer um die entstandene Leere und viele Trauern mehr.

Beratungsstellen sollten sich diesen seelischen Vorgängen viel umfänglicher widmen und der Trauer sowohl von Müttern als auch von ihren Ärzten durch weiterführende Angebote begegnen.

Was hat der Verstorbene in meinem Leben übernommen, was ich selber übernehmen kann?

Eine Schwierigkeit, mit der Lücke, die der Verlust hinterlassen hat, umzugehen, liegt ganz banal auch in den Widrigkeiten des Alltagsgeschehens. Nicht nur der Ehemann ist verloren, sondern auch der Scheckausfüller, der Schneeschipper, der Verdiener, der Einkäufer, der Reparierer, der Briefeschreiber, der Kartenbesorger, der Witzeerzähler, der Lacher, der Geschenkeeinkäufer, der Vorleser, der Frühstücksbereiter, der Transporteur und vieles mehr. Im Laufe des Trauerprozesses empfinden Hinterbliebene diese Wandlung und Mühsal in ihrem Leben als unbequem. Sie denken zum ersten Mal nicht mehr nur an den Verstorbenen als Gegenstand ihrer Liebe, sondern auch zunehmend an sich selbst.

Eine Witwe erzählt: „Monatelang habe ich darüber ge-
grübelt, wo er nun wohl sei und wie es ihm ergehe. *Meine
Gedanken und meine Sorge waren noch immer um ihn,
nach der langen Zeit der Pflege fühlte ich mich immer
noch für seinen Zustand verantwortlich. In diesem kalten
Winter hatte ich die Phantasie, daß er in seinem Grab frie-
ren könne, hätte ihm am liebsten seinen warmen Mantel
und Decken nachgeschickt. Eines Morgens war das plötzlich anders: Ich schaute aus dem Fenster, sah den vielen
nicht weggräumten Schnee vor der Garage, und unver-
sehens fing ich an, mir leid zu tun. Ich stand vor der Frage,
rufe ich meinen Sohn an oder versuche ich's selbst. Als ich
nach zwei Stunden fertig war, fühlte ich mich bombig: Das
war geschafft!"*

An diese besondere Greifbarkeit des Verlustes schließt
sich eine besonders greifbare Aufgabe an: schrittweise das
zu erlernen und zu übernehmen, was der andere im voraus-
gesetzten oder gemeinsam festgezurrten Rollenverständnis
für mich getan hat.

Wenn der Hinterbliebene darauf verzichtet, einen Ersatz
für die entleerte Rolle außerhalb zu suchen, sondern diesen
Teilplatz selber einnimmt und spürt, daß er sich auf sich
verlassen kann, hat dies einen sehr pragmatischen Wert für
das Leben ohne den anderen. Das Selbertun holt ihn zurück an das Leben. Es zeitigt eine zunehmende Lebenskraft,
wachsendes Selbstvertrauen und eröffnet damit einen Zugang zu einem weiteren, selbständigen Lebensabschnitt.

In Partnerschaften ist es auch nicht selten, daß der andere wie eine Leinwand für eigene Lebensanteile herhält
bzw. herhalten muß. Das wird selten ausgesprochen, ergibt
sich dafür aber wie anscheinend von selbst: Am anderen
entdecken wir verschiedenste Charakterzüge, sehen wir Lie-
benswürdigkeit, Zartheit, Einfühlungsvermögen, aber auch
Eigenschaften, die wir schlecht ertragen: jemand ist pe-
dantisch, nicht zu fassen, rechthaberisch, zwanghaft, auf-

brausend, kontrollierend, kaltschnäuzig, aufdeckend, erbarmungslos klar, wehleidig … Unzählige Eigenschaften ließen sich anführen, denn alles, was menschenmöglich ist, kann auf einen anderen Menschen wie Bilder auf eine Leinwand geworfen werden. Das Erstaunliche dabei: Die Eigenschaften, die wir da im anderen sehen, mögen vielleicht auch zu ihm gehören; aber in der Art, wie wir sie hassen oder besonders lieben, meinen wir damit eigentlich unsere ganz eigenen Eigenschaften. Gerade die unangenehmen davon mögen wir nicht gerne an uns selbst anschauen und werfen sie daher lieber einem anderen Menschen über. Bei Menschen, die intensiv zusammen sind, geschieht diese Übertragung sehr häufig.

Im Trauerprozeß spielt auch eine Rolle, nach und nach beim Blick auf das Leben des Toten das eigene Gesicht darin wiederzuentdecken und von ihm zu trennen: Was mich an ihm ärgerte, das waren nicht nur seine bestimmten Eigenschaften; das waren meine eigenen Wesenszüge, meine Kontrollsucht, meine Zwanghaftigkeit, meine Rechthaberei, meine erbarmungslose Klarheit, meine Überlegenheit, meine Wehleidigkeit, mein Aufbrausen, mein Zurschaustellen usw. Hier nehmen die Trauernden dann wieder zu sich, was schon immer zu ihnen gehörte. Dies ist ein reinigendes Geschehen in der Auseinandersetzung mit dem Toten. Dies bedeutet aber auch, daß der Trauernde wieder mehr sich selbst spürt, seine Eigen- und Einzigartigkeit, die sich lösen kann vom Bild des Verlorenen. Das Gedenken an den Verstorbenen wird wieder ein Stück wirklicher, dadurch wieder ein Stück tragender.

Eine Frau Ende Fünfzig hat ein gegen sich strenges, vorwurfsvolles Leben geführt, hat kaum genießen können, hat ihren Unmut in Kontrolle, in Wehleidigkeit und mißmutige Grundstimmung gebracht. Nach bald 30 Ehejahren sei die Ehe geschieden worden. Sie selbst erzählte von sich als einer warmherzigen, einfühlsamen, am Leiden stark ge-

wordenen Frau. *Ihr Mann hingegen sei – bei allem Respekt – ein schwieriger Mann gewesen, habe die Kinder und sie kontrolliert, sei über Unregelmäßigkeiten verärgert gewesen, wehleidig in Krankheit und wenig einfühlsam, wenn sie selbst sich krank fühlte. Sie habe ihm wegen dieser mangelnden Einfühlung öfter Vorwürfe gemacht, die er aber – wie nicht anders zu erwarten – kalt und erbarmungslos gescheit abgewimmelt habe, so daß sie sich letztlich immer wieder unverstanden zurückgezogen habe. Schließlich sei nichts anderes als Trennung übrig geblieben. Neben diesem kalten Mann habe sie nicht leben können. Im therapeutischen Blick in einen Spiegel entwarf sie ein Bild ihrer eigenen Eigenschaften und erschrak, wieviel von dem, was sie auf ihren Mann geworfen hatte, zu ihr selbst gehörte. Diese Erkenntnis war ihr sehr wichtig geworden, um auch nach der Trennung den Respekt vor ihrem Mann und dem, was einmal ihre Liebe begründet hatte, bewahren zu können. Für sie selbst war dieser Blick auf sich heilsam, um gnädiger mit sich und anderen Menschen umgehen zu lernen.*

Und immer wieder holt der Schmerz mich ein

„*Heute abend ist wieder die ganze Hölle frischer Trauer los; die rasenden Worte, der bittere Groll, das Flattern im Magen, der Alptraum vom Nichts, das Suhlen in Tränen. Immer wieder taucht man auf, aber immer kehrt es wieder. Um und um.*"

In der Zeit der Erinnerung, des Suchens und Findens mehren sich die Stunden der Ruhe und Erleichterung, immer noch von tiefer Wehmut getränkt, aber häufig schon mit dem Licht des Durchkommens am Horizont. Um so erschreckender ist, wenn die Trauer unvermutet plötzlich wieder zugreift, besonders an Gedenktagen, Festen, Geburtstagen. Es ist dem Trauernden, als gäbe es keine ge-

121

nutzte Zeit dazwischen, kein Fortschreiten in der Trauer, keine Entwicklung von Umgangsmöglichkeiten mit ihr. Es ist ihm, als sei alles wie am ersten Tag. Das aber ist ein Trugschluß: An manchen Stellen ihres Weges verspüren trauernde Menschen nicht mehr, wie weit sie schon gegangen sind und welche Aufgaben sie auf diesem Weg schon hinter sich gebracht haben. Der Name des Verstorbenen kann wieder genannt werden, ohne daß die Stimme bricht. Der Satz: „Seit er tot ist", traut sich ausgesprochen und zu Ende gesprochen zu werden und versiegt nicht hinter dem Wort „seit". Die sorgsam weggeräumten Kondolenzbriefe können aus der Schublade geholt und noch einmal gelesen werden. Das Fotoalbum kann mit den Kindern angeschaut werden, wenn auch die Augen naß werden. Es können Ereignisse aus dem gemeinsamen Leben erzählt werden, schwere wie leichte, traurige und lustige, ohne daß man im Entsetzen verstummt. Das Sterbezimmer kann betreten werden, ohne daß einen ein kalter Hauch erfaßt. Die Hausschuhe unterm Bett können beim Saubermachen leicht verschoben werden, ohne daß es einem wie Frevel vorkommt.

Aber wie es in der Emmausgeschichte in der Bibel so treffend heißt, „wurden ihre Augen gehalten, daß sie nicht erkannten". Der Blick Trauernder ist manches Mal so sehr auf ihre große Trauer gerichtet, daß die vielen kleinen Entwicklungsschritte in ihr nicht wahrgenommen werden können, weil bei der Rückschau das geleistete Wegstück hinter den vielen Biegungen verborgen liegt.

So mancher Trauernde stellt sich resignierend die Frage: „Bewege ich mich denn nicht nur im Kreis?" In diesem Zweifel wird eine Erfahrung von Trauer deutlich beschrieben: Alle Gefühle wiederholen sich, immer wieder muß man sie neu durchstehen. Mit der Zeit – und daran erweist es sich, daß in diesem Prozeß das Bild der Spirale ein treffenderes ist als das des Kreises – weiß man, daß diese

Phasen wie Wehen vorübergehen, daß auch Phasen relativen Wohlbefindens sich wieder Raum verschaffen.

In dieser Zeit gilt es – vor allem in der Begleitung – diese Spiralförmigkeit und Entwicklung im Trauerschreiten deutlich zu machen. Es ist nicht wieder bei Null anzufangen, auch wenn es sich so anfühlt.

Der andere Aspekt ist, daß die Möglichkeit, diesen tiefen Trauerschmerz immer wieder neu zu spüren, die Voraussetzung dafür ist, auch wieder einmal tiefe Freude zu spüren. Trauer ist sozusagen die andere Seite der Münze. Es ist derselbe Brunnen, der oft von Tränen angefüllt ist, aus dem das Lachen wie eine Fontäne aufsteigt.

„Ist nicht der Becher, der euren Wein enthält, dasselbe Gefäß, das im Ofen des Töpfers gebrannt wurde?

Ist nicht die Laute, die euren Geist besänftigt, dasselbe Holz, das mit Messern ausgehöhlt wurde?

Wahrhaftig, wie die Schalen einer Waage hängt ihr zwischen eurem Leid und eurer Freude.

Nur wenn ihr leer seid, steht ihr still und im Gleichgewicht. Wenn der Schatzhalter euch hochhebt, um sein Gold und Silber zu wiegen, muß entweder eure Freude oder Leid steigen oder fallen." [21]

Das Spitze, Schrille, Jähe, Wehe des Trauerschmerzes wird mit der Zeit schwächer und ebbt ab. Die Trauer selbst aber ist ein Stück Lebenserfahrung geworden und hört nicht auf, darf nicht aufhören, weil das Ende von Trauerempfinden das Ende von Empfinden überhaupt bedeutete. Vielleicht wird dieser Gedanke das erneute Auftauchen eines heftigen Trauergefühls wenn schon nicht gerade willkommen heißen, so ihm doch die seelische Tür öffnen und es wertschätzend begrüßen.

---

[21] Khalil Gibran: Der Prophet, Düsseldorf, 29. Aufl. 1994, S. 25.

Es wird alles wieder gut, aber nie wieder wie vorher – Von der Aufgabe, sich vom verlorenen Menschen abzulösen und einen neuen Weltbezug herzustellen

Im Umgang mit Trauernden und Trauer hören und lesen wir immer wieder vom Ende des Trauerprozesses, von seiner Verarbeitung.

Bei aller Skepsis gegenüber solchen End- und Vollendungsphantasien erleben wir in der Begleitung von Menschen nach einer langen und intensiven Zeit des seelischen Winters, nach Stillstand und Kreisen um den Verlust, ein Aufbrechen von Interessen, Neigungen, Kontaktversuchen, ein Sich-nach-außen-Wenden, vorsichtig formuliertes Planen. Der Trauernde gewinnt wieder ein Gefühl von Form und Inhalt der Realität und erhält sich selber als Person zurück.

Wenn mir von einer Witwe erzählt wird, daß sie am Vorabend zum ersten Mal nach einem Jahr wieder mitbekommen habe, was im Fernsehen lief, obwohl der Apparat jeden Abend eingeschaltet war, oder ein Student berichtet, an diesem Morgen habe erstmals das Frühstücksei wieder geschmeckt, dann weiß ich, daß nun die Zeit gekommen ist, in der wir uns nicht mehr wöchentlich oder im zweiwöchentlichen Rhythmus treffen müssen, sondern Verabredungen im Abstand von ein, zwei oder mehr Monaten genügen. Das heißt aber nicht, daß alles überstanden ist. In dieser Zeit langsamer Ablösung tauchen noch Krisen auf, die das Erholen rückgängig machen wollen. Eine solche Krise kann durch die Vorstellung hervorgerufen sein, daß das Leben nach dem durchlaufenen Trauerprozeß wieder so wie vorher würde. Daß es nach einer Unterbrechung weiterginge, daß man nach einer Auszeit der Trauer den Lebensfaden wieder dort aufnähme, wo man ihn niedergelegt hatte. Dieser Faden aber findet keine altgewohnte Fortsetzung. Das Leben danach wird nie mehr werden wie das

Leben davor, aber es wird wieder Leben sein, ein neues, eigenständiges.

Ein Trauernder vergleicht diese Seelenlage mit dem Zustand nach der Amputation eines Beines. Die Amputation überstanden zu haben, hieße lediglich, daß der wilde, ständige Schmerz im entzündeten Bein aufhöre und der Stumpf langsam heile. Daß der Operierte seine Kraft wiedegewänne und Krücken oder Prothesen nutzen lerne. Er könne wieder leidlich laufen, wahrscheinlich aber werde von Zeit zu Zeit die Narbe oder auch das verlorene Bein phantomhaft schmerzen, und er werde für den Rest des Lebens einbeinig bleiben. Das heißt, bei allen Verrichtungen des täglichen Lebens werden seine Bewegungen, seine Lebensweise und somit alles verändert sein. Das Leben könne wieder reich und voll sein, aber ein Zweibeiner würde er nie mehr.

Alte Lebensfähigkeiten und -muster greifen nicht mehr, neue müssen für ein verändertes Leben erlernt werden. Auch der Trauernde ist nicht mehr der alte Mensch, sondern wie ein Fahrender, der sich in der Fremde der Trauer aufgehalten hat, nun neue Sichten und Erfahrungen im Gepäck trägt und bei der Rückkehr in die Heimat diese und sich gewandelt erlebt. In der alten Heimat muß er sich nun neu niederlassen und sich eine neue Bleibe schaffen.

Treuebruch?

Sich diese neue Bleibe im Leben willentlich ohne den Verlorenen einzurichten, bringt manchem Trauernden Gewissenslast. In gewissem Sinne fühlt er sich besser, und damit stellt sich häufig neben der Erleichterung eine Art Scham ein und das Gefühl, er habe irgendwie die Pflicht, sein Unglück zu schüren und zu verlängern. Stirbt der Verstorbene nicht ein zweites Mal, wenn ich ihn nun aus meinem Leben entlasse? Wenn ich das Lösen vollziehe, das mir als unabdingbare Voraussetzung für einen neuen Lebens- und Weltbezug genannt wird? Verstoße ich ihn damit nicht aus meinem Herzen? Und habe ich ihm nicht Beständigkeit im Andenken über den Tod hinaus versprochen, ihm in meiner Bedrängnis und in einem Besänftigungsangebot an das Schicksal noch am Sterbebett unvergängliche Treue geschworen?

Die Angst vor dem Vergessen belastet viele Trauernde. Auf Todesanzeigen versprechen sie dem Verstorbenen Weiterleben, weil er unvergessen in ihrem Herzen wohne, erkennen aber nach einiger Zeit, daß mittlerweile nur noch wenige oder keine Bilder der Erinnerung mehr zur Verfügung stehen. Es wird schwer, sich das Gesicht des Verstorbenen vorzustellen, sich seine Stimme und Gestik zu vergegenwärtigen.

In einer Liebesbeziehung zwischen Lebenden ist das Wiedersehen und -hören immer wieder ein Quell der Freude, es bestätigt und belebt das vage Erinnerte und nährt die Zeit ohne den anderen. Nach dem Tod ist die Unmöglichkeit der Auffrischung erschreckend, erscheint als Verrat und Unerträglichkeit.

Die Bilder, in denen das Wesen eines Menschen aufgehoben und bewahrt werden, sind verwischt oder weggerutscht, sind der „Nacht der Bildlosigkeit"[22] anheimgefallen.

Dies einem Verrat oder Treuebruch zuzuordnen, hängt damit zusammen, daß der Begriff der Ablösung mißverstanden und ihm eine Bedeutung zugeordnet wird, die er nicht meint. Der trauernde Mensch glaubt – und es wird ihm von außen nur allzu häufig vermittelt –, nun müsse er sich endgültig trennen vom anderen, ihn abreißen von sich und seinem weiteren Leben. Das will er nicht und kann es somit auch nicht.

Einer Vorbereitungsgruppe für Hospizhelfer wird vom Träger ein eintägiges Seminar zur Trauer angeboten. In der

---

22 Yorick Spiegel: Der Prozeß des Trauerns. Analyse und Beratung, München 1989 (7. Aufl.), S. 178 ff.

Gruppe fällt mir eine ca. 50jährige Frau auf, die sich beson-
ders und bewußt abseits hält. Sie hört zwar intensiv und
konzentriert zu, äußert sich aber nicht und meidet in allen
Pausen die anderen Gruppenmitglieder. Am späten Nach-
mittag fallen in der Gruppe hospizlich-verklärte Redens-
arten: abschiedlich leben; man müsse den Verlustschmerz
umwandeln; man müsse jeden Tag neu loslassen; man
dürfe nicht an den Toten festhalten, sogar mit dem mysti-
schen Unterton: sonst fänden sie keine Ruhe.

Die Gruppe ist sich einig und schwelgt in Trauerlösungs-
phantasien. Ich höre zu und warte ab, daß die Teilneh-
merinnen von alleine wieder auf den Boden des Tatsäch-
lichen und des Mitgefühls zurückfinden. Als ich aber be-
merke, wie sich die Frau heftig zu kratzen beginnt, als
fühle sie sich in ihrer Haut nicht wohl, und den wilden
Schmerz in ihren Augen wahrnehme, unterbreche ich und
gehe in Opposition: Man dürfe seine Toten und Verlorenen
nicht nur behalten, sondern solle sie in sich hineinnehmen
wie eine Speise, wie ein Lebens-Mittel ins eigene Leben
aufnehmen. Da löst sich die Starre, und die Frau beginnt
heftig zu weinen.

Freudentränen, wie sie später erklärt. Seit einem Jahr, so
erzählt sie, höre sie diese Loslaß-Ideologie und die durch-
aus gutgemeinten Ratschläge der anderen. Seit einem Jahr
habe sie das Gefühl, daß etwas an ihr nicht in Ordnung
und daß sie unfähig sei, weil sie ihren vor vier Jahren ver-
storbenen Jungen eben nicht loslassen wolle. Sie habe ihn
ans Krankenhaus, an die Ärzte, an den letztlich siegreichen
Krebs und zu allerletzt an den Tod abgeben müssen, aber
im Herzen wolle sie ihn behalten, ein Leben lang. Zum
ersten Mal fühle sie sich nun bestätigt und erleichtert.

Ich erinnere mich an ihren hocherhobenen Kopf und
ihre vom Weinen geröteten, aber blitzenden Augen, mit
denen sie in die Runde blickte: „Seht ihr, ich mache es
richtig. Und ich habe die Erlaubnis dazu."

127

Loslösen[23] heißt also mitnichten Auslöschen oder vorsätzliches Vergessen.

Loslösen auf dem Trauerweg bedeutet, eine Beziehung zum Verlorenen herzustellen, die in der Worte doppelter Bedeutung gelöst und gelassen ist.

Lassen heißt: Den Schmerz ansehen, den der Tod und die Trennung mit sich brachte und sich nicht gegen ihn wehren. Sich weinen lassen. Das Vermissen, die Einsamkeit, die Fragen nach dem Warum zulassen. Den Schmerz unser Leben füllen lassen. Die Welt verändert sein lassen. Den Verlorenen Teil von etwas Größerem sein lassen. Halten dagegen heißt nicht klammern, sondern ihn nicht gehen lassen, als hätte er nie existiert. Eine tiefere Art, den anderen zu halten, meint vielleicht, von nun an der Welt zu geben, was ich dem anderen gab.

Vielleicht kann man als Weiterentwicklung des Wortes erinnern das Wort *verinnern* nehmen. Bei diesem Verinnern geht es um das Unabhängigwerden von äußeren Versatzstücken. In vielen kleinen Schritten muß der Trauernde beginnen, die Person, die er verloren hat, in sich selber wieder aufzubauen, zu verinnerlichen.

Sehr zart wird dies geschildert in dem italienischen Kinderbuch „Matti und der Großvater".[24]

Mattis Großvater liegt im Sterben. In seiner Phantasie unternimmt Matti mit dem Großvater einen letzten Spaziergang, zwischen Tag und Traum, in dessen Verlauf der Großvater immer kleiner wird, so klein, bis Matti ihn am Schluß durch die Nasenlöcher einatmet. Das Buch endet

---

[23] Das sich aus dem Wort ‚lohe' (zum Gerben verwendete Rinde) entwickelte Wort meint „Gelockertes" und verbindet zunächst mit der Silbe los nur den Gedanken, daß etwas ohne die Fülle und enge Anbindung von und mit etwas und jemandem geschieht. Interessanterweise hat es als Verbzusatz eine ermutigende Komponente: Losgehen verheißt Aufbruch, Weg, Entwicklung.

[24] Roberto Piumini: Matti und der Großvater, München 1994.

mit folgenden Sätzen: „Ich habe einen kleinen Trick angewandt, Matti. Ich habe dich tief Luft holen lassen, um in dich hineinzukommen. Wenn ich dir gesagt hätte, du solltest mich in den Mund nehmen, hättest du es glaube ich nicht getan, oder es wäre dir jedenfalls unangenehm gewesen." „Dann bist du jetzt in mir drinnen?" „Ja." „Und das ist deine Stimme?"

„Ja, aber die hörst jetzt nur noch du." „Und wie geht's dir, Großvater?" „Ausgezeichnet, Matti. Ein Junge ist ein wunderbarer Ort zum Wohnen."

Chronischer Schmerz

Ein 12jähriger Junge entwickelte ein halbes Jahr nach dem Unfalltod seines Bruders eine rheumatische Arthritis, die äußerst schmerzhaft war. Er schimpfte über diese Krankheit und wollte sie unbedingt loswerden. Sie hindere ihn am Fußballspielen und am Skatebordfahren auf der Domplatte, hielte ihn von den Kameraden fern und fessele ihn ans Haus. Er war wütend über dieses ‚handicap'.

Nachdem der Junge einige Wochen lang in die Beratungsstelle gekommen war und Zutrauen zu seinem Begleiter gefaßt hatte, machten sie eines Nachmittags wie schon öfter zuvor ein Sandspiel, indem der Junge kleine Figuren auswählte, sie mit Rollen belegte und in einer von ihm gewählten Anordnung im Sand aufstellte. Es fiel auf, daß der jüngst verstorbene Bruder nie innerhalb der Personenkonstellation vorkam, wohingegen ein früher verstorbener Großvater und eine Lehrerin, die in eine andere Stadt gezogen war, regelmäßig mit aufgestellt wurden.

Als der Junge gefragt wurde, ob Entzündung und Schmerz nicht auch irgendeinen Nutzen haben könnten und wobei ihm der dauernde Schmerz helfe, brach es mit der ganzen Kraft der Kindheit aus ihm heraus: Solange er diese Schmerzen habe, sei er mit dem toten Bruder verbunden

129

und habe doch wenigstens etwas, das ihn nicht vergessen und abstumpfen ließ. Außerdem fand er heraus, daß er so – ohne Sport – den Eltern die Angst erspare, auch ihn zu verlieren.

In der Familie des Jungen war seit dem Todesfall über den Bruder nicht mehr gemeinsam gesprochen worden. Vater und Mutter trugen ihr Leid jeder für sich und still, auch im Freundeskreis wurde der tote Junge nicht mehr erwähnt, aus Angst, dem hinterbliebenen Bruder weh zu tun. Dieser fürchtete nun das Vergessen und entsann mit einem großen Kunstgriff eine Möglichkeit, ihn zu behalten: im chronischen Schmerz. Sein Schmerz ließ ihn ausdrücken:

Ich fühle schmerzlich; ich bin durch den Tod tief verletzt. Hatte er auch den Bruder nicht mehr, so hatte er doch den Schmerz um ihn.

So wie sich die seelischen Trauersymptome in körperliche Begleiterscheinungen und Erkrankungen umsetzen können (chronisches Erbrechen, Kolitis, Anorexie, Migräne, Ohnmachtsanfälle, Atemnot, Asthma, Infektionen, Krebs, Diabetes) und damit die Verbundenheit über den Schmerz erhalten und dem Vergessen entgegenwirken wollen, können sich Trauernde auch der Zufriedenheit und den glücklichen Momenten in ihrem Leben versagen. Sie fürchten, daß das Empfinden von Freude und Erfüllung einem Auslöschen der Erinnerung an den Toten gleichkommt. Sie glauben, sie müßten sich den dauernden Schmerz um ihn bewahren und sehen keine Möglichkeit, den Verlorenen auf andere Weise als über körperlichen oder seelischen Schmerz ins eigene Leben hineinzuretten.

Ein 50jähriger Mann lebte nach früh erfolgter Scheidung und dem dramatischen Krebstod des Sohnes alleine. Auffallend waren trotz der schmerzlichen und von Schuldgefühlen geprägten Trauer (er hatte als erfolgreicher Arzt und

130

begabter Therapeut dem Sohn nicht helfen können) sein Charme, seine Heiterkeit, seine Fähigkeit, sehr leicht mit Menschen in Kontakt zu kommen und besonders zu Frauen eine intensive und intime Beziehung aufzubauen. Genauso auffallend war aber auch die Tatsache, daß er diese Beziehungen sehr schnell und immer auf sein Betreiben beendete. Im Freundeskreis war sein Don-Juanismus schon ein vielfach bewunderter und geflügelter Begriff. Auch Umzüge in die Häuser seiner Geliebten, die Aufgabe von Jobs und Freundeskreis hinderten ihn nicht, die Beziehung nach relativ kurzer Zeit völlig abzubrechen. Angesprochen darauf, offenbarte er in einem vertraulichen Gespräch, daß er sich einfach nicht gestatten könne, glücklich zu sein, wenn sein Sohn im Grab läge.

Diese Art von Festhalten am Verstorbenen steht der Entscheidung zum Leben entgegen. Im Wiederholen von Schmerz und Verbieten von Glück liegt die Gefahr, daß sich das Symptom verselbständigt und vom Ursprung löst, so daß nach geraumer Zeit die Verbindung an die ursprüngliche Absicht – mit dem Verlorenen in Kontakt zu bleiben – abhanden geht. Dieser bezuglose Schmerz aber ist ein Indikator für aufgeschobene oder versteinerte Trauer, die alle Entwicklung zu einem Neubeginn strikt leugnet und ablehnt.

Helft alle, groß und und klein,
mit Trost mich aufzurichten!
Trost such ich mir zu Pein,
Trost, um ihn zu vernichten.
Das sei mein Trost allein:
untröstlich will ich seyn.[25]

---

[25] Friedrich Rückert: Kindertodtenlieder. Mit einer Einleitung neu hrsg. v. Hans Wollschläger, Nördlingen 1988, S. 204 f.

Meinen wir den gleichen? – Von der Verschieden-
sichtlichkeit und Ungleichzeitigkeit der Trauer

Man sollte meinen, daß Menschen, die einen gemeinsamen Angehörigen verloren haben, sich gegenseitig besonders liebevolle Stütze in der Trauer geben können, weil sie einander näherrücken und sich ihre Befindlichkeit und ihre Erinnerungen mitteilen können. Das Gegenteil ist häufig der Fall. Über die vereinzelte Trauer, die nicht mitgeteilt und geteilt wird, entsteht eine Atmosphäre der Vereinsamung und des Sichauseinanderschweigens.

Familienmitglieder rücken voneinander weg, der gemeinsam Verlorene wird nicht gemeinsam betrauert. Die Lücke in der Mitte wird zum Familienabgrund, häufig verbunden mit Familienlügen und familiären Schweigeabkommen.

Die Geschichte eines jungen Kaplans ist in lebhafter Erinnerung, dessen Familie nach dem Tod des Vaters durch das Testament erfuhr, daß er lange Jahre eine Geliebte gehabt hatte. In stillschweigendem Übereinkommen entschloß man sich, diesen schwarzen Fleck in der Familienbiographie zu vertuschen. Durch die gemeinsame Abmachung, nie mehr darüber zu sprechen, wurden der Vater und seine Lebensgeschichte zum Mythos, an den niemand rührte. Da es zu gefährlich war, über das Familienoberhaupt zu sprechen, weil man in die Nähe dieses ,Makels' hätte geraten können, sprach man gar nicht mehr. Es blieben kleine Kinder zurück, die nur eine diffuse Vorstellung hatten, daß da etwas nicht stimmte, ältere Kinder, die mit der Mutter koalierten (Vater hat Unrecht getan) oder sich gegen die Mutter stellten (man wird ihm in der Rückschau nicht gerecht). Die Familienmitglieder gingen schließlich vollends getrennte Wege.

Diese Familie zerbrach sicherlich nicht zuletzt an ihrer Trauer, weil sie sich auf kein einheitliches Bild des Verstorbenen einigen konnte, dies aber als familiäre Aufgabe sah.

Eine solche Übereinstimmung im Ansehen des Verstorbenen ist aber sicher nur ein Wunschdenken und der Sehnsucht nach stärkendem Zusammenschluß zuzuordnen. Da aber das Verlusterleben und das sich anschließende Trauerverhalten aus der persönlichen Anlage und Beziehung zum verlorenen Menschen erwächst, ergibt es sich von alleine, daß auch nur ein sehr persönliches Bild von ihm betrauert werden kann und kein Kollektivbild. In der Billigung der verschiedenen Sichtweisen können Familienmitglieder oder Freunde sich voneinander so abgrenzen, daß jeder unbehelligt seinen ganz persönlichen Trauerweg gehen kann. In dieser Abgrenzung, dem Zulassen der „anderen Brille" und dem nicht das eigene Bild einfordernden Austausch darüber liegt das Wesen eines bergenden und schützenden Beistandes innerhalb einer Familie oder eines Freundeskreises.

Sehr fasziniert hat mich die Trauerbegleitung von zwei jungen Frauen, die ungefähr zum gleichen Zeitpunkt in die Beratung kamen, weil beide ihre Mutter an Krebs verloren hatten. Ich erinnere, die Duplizität dieser Ereignisse spannend gefunden zu haben, weil beide Frauen unabhängig voneinander erzählten, sie könnten sich mit ihrer Schwester nicht über die Mutter unterhalten, weil sie verschiedene Ansichten über deren Charakter und Lebensart hätten und darüber immer in Streit gerieten.

Die Mutter der einen war eine strenge, unnahbare Frau gewesen, die ihre Tochter kontrolliert und beherrscht hatte. Die Mutter der anderen Frau, eine 55jährige namens Laura, wurde als lebhaft, nicht an gängige Normen angepaßt geschildert, die allem Neuen gegenüber aufgeschlossen, gelegentlich in Herzensdingen etwas leichtfertig schien, ihre Tochter als Vertraute ansah und dieser sehr zugewandt war.

Nach einigen Wochen der Einzelgespräche überlegte ich gerade, ob ich die beiden Frauen zu meiner, aber auch ihrer gegenseitigen Entlastung nicht miteinander bekannt machen könnte, damit sie ihr Schicksal einander mitteilen und teilen könnten, als auch der Vorname der ersten Mutter fiel: Laura.

Mir fiel es wie Schuppen von den Augen, daß unabhängig voneinander beide Schwestern in die Trauerberatung gekommen waren.

Nach einiger Verblüffung bei der vergleichenden Lektüre meiner Aufzeichnungen zu den jeweiligen Gesprächen entschied ich mich für folgenden Weg:

In der nächsten Sitzung gab ich der jüngeren Tochter einen Tonbarren und bat sie, das Gesicht der Mutter in die eine Seite zu modellieren. Nachdem später diese Seite mit einem Tuch abgedeckt worden war, forderte ich auch die zweite Tochter auf, das gleiche mit der anderen Seite zu tun.

Zum nächsten Termin lud ich sie auf die gleiche Uhrzeit ein. Noch heute denke ich mit Dankbarkeit an die Stunde, in der beide Schwestern, lachend und weinend zugleich, vor dem getöpferten Januskopf der Mutter saßen und begriffen, daß es zwar verschiedene Seiten waren, aber dennoch die eine Mutter und daß es in dem Trennenden auch viel Verbindendes gab.

Eine andere Schwierigkeit in der Trauer um denselben Menschen liegt in der Vorstellung, daß man zeitlich parallel trauern, sozusagen Schritt für Schritt gemeinsam auf dem Trauerweg voranschreiten könne.

Das Erleben der Ungleichzeitigkeit von Verlustarbeit ist ein ebenso stark verunsicherndes Moment wie die geschlechts-, alters-, und rollenbedingten Trauerstile der jeweiligen Familienmitglieder. Der eher passive, auf das Zulassen von Gefühlen bedachte und Unterstützung suchende Stil von Frauen und der eher auf aktive Problemlösung und auf Spannungsabbau hinarbeitende handlungsorientierte Trauerstil von Männern enthüllen ein erhebliches Konfliktpotential. Die Partner fühlen sich voneinander im Stich gelassen, ja sogar verraten. Sie ziehen sich zurück, was nur den Schmerz und die Vereinsamung erhöht in einer Situation, wo gerade gegenseitige Zuwendung und Unterstützung lebensnotwendig ist, wo sie in einem Zustand tiefster Verwundbarkeit und äußerster Hilflosigkeit aufeinander angewiesen sind.

Auf diesem Boden von entfremdendem Mißverstehen und Argwohn und den ausgesprochenen oder nur gedachten Vorhaltungen, der andere trauere ‚falsch‘ oder gar nicht, haben Trauerbegleiter die Aufgabe der Übersetzung.

Ihre Funktion ist es so manches Mal, die verschiedenen Trauerstile und Trauerabläufe in die Sprache und Welt des jeweils anderen zu übertragen.

Wenn es richtig ist, daß sich Trauer in Phasen und Wellen vollzieht, dann liegt es auf der Hand, daß diese Phasen bei mehreren trauernden Personen nicht parallel ablaufen. Hier sind Einordnungen nach dem Phasendenken recht hilfreich. Begleitung in einer Familie könnte z.B. bedeuten, einer trauernden Tochter zu erklären: „Schauen Sie, wo ihre Mutter jetzt im Trauerverlauf steht, da haben Sie sich vor einigen Monaten aufgehalten, als Sie so voller Zorn darüber sprachen, daß Ihr Vater Sie im Stich gelassen hat. Sie sind nun an einer anderen Stelle, nicht unbedingt weiter, wo Sie versuchen, mit seiner Melodie in sich weiterzuleben. Vielleicht treffen Sie Ihre Mutter einmal an diesem Ort, aber nur vielleicht. Reisende in einem Trauerprozeß verpassen einander leicht.“

Eine solche Hilfestellung kann viel von dem Gram nehmen, man trauere eigentlich ganz alleine, trotz der anderen.

Trauer zu dolmetschen heißt, einer Mutter zu verdeutlichen, daß es eine Strategie, nicht eine bessere oder schlechtere, der jüngsten Tochter ist, nach dem Verlust des Vaters fast allabendlich auszugehen und in den wenigen Zeiten zu Hause laut stampfende Musik zu hören. Zu erklären, daß man auch in einer Disko den Vater im Herzen haben kann und daß sich gerade bei dieser Hardrock-Musik für eine 15jährige wunderbar und innig weinen läßt. Und die Tochter damit in Kontakt zu bringen, daß es Mutters Methode ist, eine Kerze anzuzünden und stundenlang regungslos in den dunklen Garten zu schauen, so daß die Tochter sich außen vor fühlt und nicht wagt, sie anzusprechen.

Dies kann dazu verhelfen, sich miteinander in einer gemeinschaftlichen, aber nicht einheitlichen Trauer zu begreifen und den beginnenden Graben zwischen Angehörigen und Freunden wieder aufzuschütten.

Was bleibt und nicht mit dem Verstorbenen geht

In der Zeit der neuen Anpassung an eine geleerte Umgebung gewinnt der Aspekt des Bleibenden eine ungeheure Bedeutung. Er bildet den sicheren Boden, von dem aus das unbekannte Neuland betreten werden kann mit kleinen Probeschritten, wie auf Eis, immer prüfend: Trägt es, und kann man den nächsten Schritt wagen? Das Bleibende ist die Brücke zwischen dem Vergangenen und der Zukunft. Es scheint beruhigend, etwas vom Verstorbenen als Seelenproviant mit sich zu tragen, der einen zwischendurch nährt auf der langen Trauerwegstrecke. Dieses ‚etwas' können ganz kleine Dinge sein: Gesten, liebgewordene Angewohnheiten, Mimik, eine sprachliche Eigenheit, eine Masche, ein Tick. Es ist vorstellbar und glaubenswert, daß wir aus jeder berührenden Begegnung im Leben zumindest eine solche Kleinigkeit mitnehmen, die wir uns einverleibt haben.

Vor Jahren betreute ich in Köln den aidskranken Freund eines meiner Freunde, der in der Schweiz lebte und sich nicht ausreichend kümmern konnte. Die Begleitung war aus verschiedenen Gründen quälend. Einer der Gründe war, daß H. sehr wenig sprach, gegen Ende fast gar nicht mehr über seine Belange. Manches Mal saßen wir in der

136

Uniklinik oder in seiner Wohnung, redeten Belangloses, schwiegen uns an. Obwohl ich verstand, daß es für ihn in seiner ausweglosen Situation nichts mehr zu sagen gab, war es kaum auszuhalten. Er hatte mir irgendwann früher einmal erzählt, daß er sein Leben als alleinstehender Mann, seine vielen Reisen und Kontakte sehr genossen habe, daß es ihm aber schmerzlich sei, als homosexuell empfindender Mann keine Kinder bekommen zu haben, die etwas von ihm über seinen Tod hinaus verkörperten. Daß seine Familie und sein Name mit ihm ,aussterbe' und daß es eine große Sehnsucht in ihm sei, irgend etwas zu hinterlassen, daß er aber fürchte, daß sich bald gar niemand mehr seiner erinnere, da die meisten Begegnungen zwar auf den Moment bezogen intensiv, aber letztlich flüchtig gewesen seien.

H. hatte die Angewohnheit, irgendein Zögern von mir und anderen mit einem augenzwinkernden „Nur zu" zu ermutigen. Kurz vor seinem Tod ergab sich einmal eine Situation, in der deutlich war, daß er Hemmungen hatte, mich um das Anreichen von Nahrung zu bitten. Ohne nachzudenken machte ich eine kleine Kopfbewegung, drückte ein Auge zu und sagte: „Nur zu." Einen winzigen Augenblick sahen wir uns an, verstehend. „Das bleibt", sagte ich noch, bevor sich unsere Blicke reichlich verlegen wieder trennten. Aber es hatte genügt.

Manchmal ertappe ich mich heute bei seinem „Nur zu", das vorher nicht zu meinem Wortschatz gehörte. Dann höre ich seine Stimme, gedenke unserer schwierigen Beziehung, muß ein wenig lächeln und sage inwendig: Hallo, H.

Diese kleinste Ausführung von Weiterleben nach dem Tod hat viel Tröstliches, nicht nur für die Zurückgebliebenen, sondern auch für die Menschen, die sich vor dem Sterben auf ihre schwerste Lebensaufgabe vorbereiten: sich selbst abgeben zu müssen. Sie werden eben nicht sang- und klanglos verschwinden, sondern im Leben ihrer Nächsten werden Spuren bleiben, Fährten, die von der Besonderheit und Ausschließlichkeit des Gewesenen erzählen.

Nicht alles geht verloren, wenn man einen geliebten Menschen verliert. Eigenschaften, Wesenszüge des anderen, die der Hinterbliebene im neuen Leben so schmerzlich vermißt, weil er sie aus sich nicht zur Verfügung hat, können aus der Erfahrung des gemeinsamen Lebens herausgefiltert und ins vereinzelte Leben übernommen werden. Aus ihnen kann geschöpft werden, wenn sie am nötigsten gebraucht sind.

Eine Frau vermißte nach der erzwungenen Trennung von ihrem Mann besonders sein ausgleichendes Wesen und sein Ruhebewahren, während sie eher aufbrausend war. In besonderen Situationen des Umgangs mit den Kindern, wenn sie ihren Reizpegel gefährlich steigen spürte, holte sie den Ehemann gedanklich in den jeweiligen Raum, wo er auf einem Stuhl saß und ihnen zusah. Bald beruhigte sich ihre Atmung, und sie hörte ihre Stimme die Schrillheit verlieren. Seine geistige Gegenwärtigkeit beruhigte die aufgebrachte Gegenwart.

In unserer Praxis der Trauerbegleitung erleben wir sehr häufig eine gelungene Integration des anderen nach allen vorausgegangenen Zeiten von Schock und Starre, Auflehnung und Suchen. Integration kann mit den Gedanken Meister Eckharts beschrieben werden. Die Integration unterscheidet zwischen den Existenzweisen des Habens und des Seins.[26] In der Existenzweise des Habens meint Liebe den Besitz des Geliebten, unter Umständen sogar seine Einschränkung, seine Gefangennahme: man hat den anderen. In der Existenzweise des Seins hat diese Art von Haben wenig Bedeutung: Ich brauche nicht etwas zu besitzen, um

---

[26] Vgl. Meister Eckhart: Deutsche Predigten und Traktate, hrsg. u. übers. v. Josef Quint, München 1977 und Erich Fromm: Haben oder Sein. Die seelischen Grundlagen einer neuen Gesellschaft, Stuttgart 1976.

es zu sehen, es zu genießen, mich daran zu erfreuen, daraus innere Bereicherung und Nutzen zu ziehen. Ich kann den anderen in mein Sein und mich hineinnehmen, versuchen, das, was ich liebe, zu werden oder zu sein.

Um den Gedanken mehr auf das Bleibende als auf das Vergangene zu richten, bieten wir in unseren Seminaren als Abschluß gelegentlich eine „Fußsohlen-Übung" an.

Die trauernden Teilnehmer und Teilnehmerinnen erhalten zwei einer Sohle nachgebildete Papierformen. Sie werden gebeten, eine Sohle mit dem zu beschriften, was der Verstorbene in ihrem Leben hinterlassen hat und woraus sie zum Weiterleben schöpfen können.

Auf die andere Fußsohle schreiben sie das auf, was sie an eigenen Fähigkeiten zum Umgang mit der Trauer in sich tragen und zur Verfügung haben. Anschließend stellen sie sich ohne Schuhe auf diese Sohlen und spüren nach, was bleibend und tragend ist für ihr weiteres Leben ohne den anderen.

Nach tränen- und seufzerreichen Seminartagen ist es für uns oft sehr bewegend zu erleben, wieviel Kraft und Zuversicht aus einer solchen Verdeutlichung entnommen wird und wie in der Gewißheit der Lebensverbindung über den Tod hinaus die Umwandlung des Lebens greift.

Abschiedsgeschenke

Im Kinderbuch „Leb wohl, lieber Dachs" schildert die englische Autorin das Verhalten der Tiere, die ihren Freund, den Dachs, verloren haben. Nach einem langen Winter, in dem des Nachts die Kopfkissen von vielen Tränen benetzt werden, erinnern sie sich bei Anbruch des Frühlings der Fähigkeiten und Fertigkeiten, die der Dachs in ihnen geweckt und ihnen beigebracht hat. Als sie verstehen, daß ihnen dies nicht mehr fortgenommen werden kann, können sie den Dachs verabschieden.

Wahrzunehmen, was der verlorene Mensch im Hinterbliebenen hinterlassen hat, kann ein tief befreiender Moment im Trauererleben sein. Zu verstehen, daß bestimmte
Eigenschaften von ihm von nun an in einem selbst vorhanden, ja sogar abrufbar sind, auch wenn der Träger dieser
Eigenschaften nicht mehr erreichbar ist, stellt die Erfüllung
der zuletzt gestellten Traueraufgabe in Aussicht. Nun ist vieles, was den Verstorbenen für den Trauernden ausmachte
an Wertigkeit, Wichtigkeit und Wesentlichheit im Trauernden selbst und bildet das Rüstzeug für ein eigenständiges
weiteres Leben ohne den Toten.

Diesen Gedanken kann vielleicht die folgende Übung erfahrbar machen.

*Nehmen Sie sich Zeit und suchen Sie sich einen Raum,
in dem Sie ungestört sind, vielleicht auch einen Menschen,
der Ihr Vertrauen besitzt und Sie in dieser Übung begleitet.*

*Erinnern Sie sich nun des verlorenen Menschen in aller
Lebendigkeit. Lassen Sie ihn vor Ihrer inneren Leinwand
auftauchen, nehmen Sie ihn mit allen Sinnen wahr, und
beginnen Sie von ihm zu erzählen, seinem Aussehen, seinen Angewohnheiten, seiner Art zu sein und zu leben.*

*Und nun benennen Sie eine Eigenschaft, die Sie beson-
ders an ihm geliebt haben, die Sie zu Zeiten besonders
vermissen, benennen Sie diese Eigenschaft sehr genau und
eingegrenzt, (z. B. sein Verantwortungsgefühl der Familie
gegenüber, seinen unerschütterlichen Optimismus usw.).
Während Sie nun Szenen beschreiben, in denen diese Eigenschaft deutlich wird, versuchen Sie ein Symbol zu finden,
mit dem Sie dieses Merkmal verbinden. Das kann ein Gegenstand zu Hause sein, ein Kleidungsstück, ein Möbel,
ein persönlicher Gebrauchsgegenstand (die Zartheit des
Großvaters im Umgang mit seinem Enkelkind wird nach-
erfahrbar am rauhen Stoff seiner braunen Jacke, an die die
Kleine, auf seinem Schoß sitzend, manches Mal die Wange
schmiegte. Die Genügsamkeit des Vaters, der auf äußere*

Statussymbole verzichten konnte, belebt sich in der Erinne-
rung an das zweigeteilte Volkswagen-Rückfenster, wenn er
mit dem alten Gefährt knatternd, aber vergnügt vom Hof
wegfuhr).

Wenn Sie das Symbol gefunden haben, so beschreiben
Sie es so genau oder lassen Sie Ihren Begleiter so genau
nachfragen, daß es fast sichtbar, fühlbar, hörbar, riechbar
bei Ihnen ist.

Dies vollziehen Sie drei bis vier Mal, bis Sie einige we-
nige Symbole gefunden haben, zu denen drei bis vier Eigen-
schaften des geliebten Menschen gehören.

Nun verabschieden Sie sich wieder von Ihrem Verstorbe-
nen. Das mag erneut einen Schmerz in Ihnen hervorrufen,
weil das Erzählen und Beleben ihn wieder besonders nah
hat spüren lassen. Dennoch sollten Sie gerade dem Vorgang
der Verabschiedung viel Zeit und Gefühl widmen.

Anschließend holen Sie sich die Symbole wieder vor
Augen, langsam, der Reihe nach und vergegenwärtigen
sich, daß diese Geschenke Ihnen dagelassen wurden, auch
wenn der Träger der Eigenschaften nicht mehr leibhaftig
zur Verfügung ist. Mit Hilfe der Symbole, die nicht abnut-
zen, können Sie sich die besonders vermißten Anteile sei-
nes Charakters jederzeit in Ihr Leben holen, in dem Sie die
Symbole erinnern. Er selbst ist nicht mehr da, aber das, was
er Ihnen hinterlassen hat, ist unwegnehmbar in Ihnen vor-
handen.

Der verlorene Mensch ist im Zurückgebliebenen auf Zukunft beheimatet. Das ‚Unwiederbringlich‘ des Anfangs ist
abgelöst von einem ‚Unwiedernehmbar‘. Diese Gewißheit
schafft Vertrauen und Zuversicht. Die Integration ist keine
Illusion, kein Ersatz, kein stellvertretendes Leben, sondern
neue Wirklichkeit und daher tragend.

Der Verstorbene kann zum Vorbild werden, aber er ist
es nicht in der Form, daß der Trauernde sich ängstlich bei
jeder Entscheidung fragen muß, was der Verstorbene wohl

dazu gesagt haben würde. Der Trauernde wird frei von den Buchstaben der Gegenwart dieses bestimmten Menschen, frei dazu, statt dessen in ‚seinem Geiste' zu handeln, vielleicht gerade deswegen, weil er erst jetzt die Intentionen und das Wollen des Verstorbenen voll begreift.

Am Ende seiner Traueraufzeichnungen bedankt sich C. S. Lewis bei seiner verstorbenen Frau für die in der Trauer erlebte Einmütigkeit und die ‚Wiedervereinigung' zwischen ihnen:

„Kein Gefühl der Freude oder des Kummers, nicht einmal Liebe im üblichen Sinn.

Auch nicht Nicht-Liebe ... Und doch herrscht ein vollkommenes und frohes Einvernehmen. Ein Einvernehmen, das nicht durch Sinne oder Gefühle vermittelt war ...

Woher immer es stammen mag, es hat meinen Geist einer Art Frühjahrsreinigung unterzogen. So könnten die Toten sein: Reine Intelligenzen! Einen griechischen Philosophen hätte eine Erfahrung wie die meine nicht überrascht. Er hätte gar nichts anderes erwartet, als daß nach dem Tod, wenn überhaupt etwas, dann genau das übrigbleibe. Bisher schien es mir eine höchst trockene oder frostige Vorstellung.

Das Fehlen von Gefühlen stieß mich ab. In dieser Begegnung aber ... empfand ich nichts dergleichen. Es bedurfte keines Gefühls, das Einvernehmen war vollkommen auch ohne es – sogar erfrischend und erholsam.

Könnte dieses Einvernehmen die Liebe selbst sein ...?"[27]

Im Johannesevangelium heißt es, daß Jesus seine Jünger nicht als ‚Waisen' zurücklassen wollte, sondern zurückkommen werde: „An jenem Tage werdet ihr erkennen, daß ich in meinem Vater bin und ihr in mir und ich in euch."[28]

---

[27] C. S. Lewis: Über die Trauer, Zürich 1991, S. 87 ff.
[28] „Die Bibel", Einheitsübersetzung, Freiburg 1980, Johannes 14, 18–20.

In mythologischer Redeweise wird gesagt, daß die Offenbarung, die in Jesu Wirken geschah, nur lebendig bleibt, wenn sie den Charakter der Gegenwärtigkeit und Zukünftigkeit behält. Jesus bleibt, wenn er nicht auf die Worte und Handlungen seines irdischen Daseins festgelegt wird. Nicht die historische Erinnerung und die exakte Erfassung seiner vergangenen Geschichte sichert die volle Einsicht in sein Wirken, sondern die lebendige Erinnerung, die durch das Kommen des Geistes gegenwärtig gehalten wird. Nur so bleibt Glaube nicht einem vergangenen Ereignis verhaftet, nur so ist es möglich, daß aus einem schriftlich fixierten Text neue Dimensionen einer lebendigen Verkündigung erwachsen.

IV
Begleitung von
trauernden Menschen

In den ersten Kapiteln wurde darauf hingewiesen, daß es eine „Trauergemeinde" als tragende Hilfe für den einzelnen so gut wie nicht mehr gibt. Weil Begegnung mit fremder Trauer ja auch immer die eigene Befindlichkeit und Biographie berührt, wird die Konfrontation mit ihr und ihre Begleitung gerne in eine besondere „Zuständigkeitsecke" verwiesen: an diejenigen, die von Berufs wegen damit zu tun haben (Seelsorger, Ärzte, Psychotherapeuten u. a.). In dem Maße, wie Begleitung der Professionalität zugewiesen wird, geschieht genau das Gegenteil von dem, was das Anliegen von Begleitung ist: Trauer wird als Sondersituation gesehen, die nichts mit dem Alltag zu tun hat und einer Behandlung bedarf. In die Gesellschaft darf dann der Trauernde erst zurückkehren, wenn die Trauer zum Stillstand gekommen ist. Solange wir trauernde Menschen – scheinbar mitfühlend – an Experten delegieren, ist nichts von der der Trauer verstanden, die zum Leben gehört und die das Leben prägt. An sich ist sogar jede Beziehung im Leben auch streckenweise Trauerbegleitung des anderen, weil sich das Leben und seine Krisen und Veränderungen innerhalb der Trauerspirale fortbewegen. Sofern aber ein Idealbild von Beziehung vorherrscht und somit eine hohe Meßlatte die heitere, unkomplizierte, nur die Entspannung und Freuden des anderen teilende Verbindung untereinander ist, muß Trauer als Störung empfunden werden.

So meint Begleitung zunächst und in erster Linie die Einbettung der Trauer in das Gemeinwesen, in den Familien- und Freundeskreis, in Nachbarschaften, Kollegengruppen, Kirchengemeinden und alle anderen Gemeinschaften.

„Ich weiß nicht, was ich Tröstendes sagen soll" – Was Nachbarn, Familie, Freunde tun können

Es hat sich gezeigt, daß die Umwelt Trauernde nicht etwa aus Hartherzigkeit meidet. Vielfach geschieht es aus einer Erschütterung heraus, aus durchaus tief empfundenem Mitleid und der daraus resultierenden Vorstellung, nun unbedingt wirksamen Trost und nachhaltige Hilfe leisten zu müssen. Es wird immer wieder erlebt, daß sich Nachbarn und Bekannte vor Trauernden fast verstecken und ihnen aus dem Weg gehen, sich aber z. T. *über* sie und *über* ihr Schicksal sehr anteilnehmend äußern, nur eben nicht *zu* ihnen. „Ich weiß nicht, was ich sagen soll", ist oft die Begründung für die Hemmung; dahinter steckt der hohe Anspruch, das Richtige und Passende zu sagen, als ob es *das* Richtige und *das* Passende gäbe.

Das Naheliegende zu äußern, seine Furcht auszudrükken, seine Unfähigkeit zu bekennen und zu sagen: „Ich weiß nicht, was ich sagen soll, aber ich bin hier!" wird nicht als Möglichkeit in Betracht gezogen. Außenstehende glauben, sie könnten nicht trösten, weil sie unter Trost das Ende der Qualen und die Auflösung der Verzweiflung verstehen. So gesehen kann kein Mensch den anderen trösten, aber dann ist es auch entlastend zu wissen, daß man es erst gar nicht versuchen muß.

Trost ist eine den anderen empfindende und seine Empfindungen mitteilende Menschlichkeit.

Als ich vor Jahren einen Vortrag über Trauer vorbereiten mußte, fiel mein Blick vom Schreibtisch auf den gegenüberliegenden Spielplatz. Allerlei Kinder tummelten sich

dort ausgelassen, auf den Bänken am Rand saßen Mütter,
Väter und Großeltern. Wie es naturgemäß beim Spielen ge-
schieht, gab es große oder kleine Stürze, Gerangel, Quet-
schungen und Splitter.

Bei den Tröstungsversuchen der beteiligten Eltern oder
Großeltern bot sich mir als gespannt Zuschauender die
ganze Palette menschlichen Umgangs mit Leid. Ein kleiner
Junge, der die ausschwingende Schaukel gegen den Kopf
bekommen hatte, wurde dazu angehalten, gegen das Schau-
kelgerüst zu treten und die Schaukel zu schlagen, damit er
sich abreagiere. Einem anderen Kind, das mit weit geöffne-
tem Mund zum erlösenden Brüllen ansetzte, wurde flugs
ein Bonbon in denselben gesteckt, so daß nur noch ein
Gurgeln zu hören war; ein anderes so fest in die Arme
geschlossen, daß es fast zu ersticken drohte und sich mit
rotem Kopf zu befreien suchte.

Erlösend war für mich der Anblick einer jungen Mutter,
die sich vor ihr Töchterchen kniete, sich das geschrammte
Knie betrachtete, sie leicht umfangen hielt und leise spre-
chend immer wieder nickte. In diesem Nicken lag für mich
das Wesen des Trostes.

Trost ist bestätigende und beruhigende Zuwendung in
einer Lage, die in Wirklichkeit keine Erwartungen und
Hoffnungen auf schnelle Linderung zu hegen erlaubt, in der
man sich aber auch Täuschungen und Lügen versagt.

Vertrösten dagegen ist der Versuch, eine fixe Hilfe zu leisten, zu verschieben, zu verharmlosen, abzuschwächen, ein
Ersatzmittel anzubieten. Vertrösten heißt Aufschub, Trost
findet im Hier und Jetzt statt.

Tröstend ist, was Bestätigung, Raum und Erlaubnis gibt.

Bestätigung:
Die Anerkennung des Trauerschmerzes ist wohltuend für
den Trauernden. Er muß nicht erklären, warum er leidet; er
muß die Intensität des Schmerzes nicht beweisen; er muß

sich nicht für seine ‚Schwäche' entschuldigen; er muß keine Anteilnahme einklagen – all das würde ihm die Energie rauben, die er für seine Trauerarbeit so dringend braucht. Indem der andere den Schmerz bestätigt – so wie es die Mutter ihrem Kind durch Nicken zeigt –, vermittelt er dem Trauernden: „Du bist in Ordnung. Wie du fühlst, ist in Ordnung. Du hast alles Recht der Welt, so zu empfinden, und du mußt dich meinetwegen nicht beeilen. Ich halte dich in deinem Schmerz eine Weile aus."

Diese Anerkenntnis und Beglaubigung ist das A und O der Begleitung und von jedem leistbar. Begleiter scheuen sich manchmal, diese Anerkenntnis zu zeigen und auszudrücken, weil sie argwöhnen, daß dies den Trauerschmerz vertiefe oder verstärke: Wenn ich ihm sage, daß er recht hat, dann läßt er sich vielleicht ganz tief hineinfallen und findet nicht mehr hinaus, ist der vorsichtige unausgesprochene Gedanke – zu Vertrösten und Aufmunterung ist es dann häufig nur noch ein kleiner Schritt.

Ein Krankenhausseelsorger wurde vom Chefarzt der Inneren Abteilung gebeten, zu einem „schwierigen" Patienten zu gehen und ihm Zuspruch zu leisten. Provokativ und mit unverhohlener Freude an sprachlicher Spitzfindigkeit anwortete ihm dieser: „Ich gehe gerne zu Herrn X, aber Zuspruch werde ich ihm nicht geben, sondern Aufspruch."

Hinter dieser Widerrede steckt die Einstellung, daß in der Begleitung nichts zugeschüttet oder weggeredet werden darf, was nach Aufdecken, Ausdrücken und Veröffentlichung drängt. In der Bestätigung fühlt sich der Leidende verstanden, kann durchatmen und braucht seine Kraft fortan nicht mehr zur Beweisführung seiner Gefühle, sondern kann sich darum kümmern, was hinter den Gefühlen steckt und wie er mit ihnen umgeht. Auf diesem zusichernden Boden kann er seine Antworten auf seine Fragen finden.

Raum geben:

Die Mutter eines jungen Mannes, der im Ausland erschossen worden war, rief mich nach einem Seminar an und bat um ein Gespräch. In diesem Gespräch gab es für mich – entgegen aller Erwartung wegen der Dramatik der Todesumstände – nicht viel zu tun. Beeindruckt hörte ich zu, welche tiefe Gedanken sie sich bereits über Sinn und Aufgabe des Verlustes gemacht hatte. Fortan meldete sie sich in einem lockeren Rhythmus und sagte jeweils: „Ich glaube, es ist wieder an der Zeit, ein wenig bei Ihnen zu sitzen." Tatsächlich kam sie dann immer für eine Stunde und tat nichts anderes, als in meinem Büro in der Sitzecke zu hocken, ohne zu sprechen. Mal schaute sie im Raum herum, mal aus dem Fenster, mal betrachtete sie ein Patchwork-Mandala an der Wand. Sie schien in relativ guter Verfassung, atmete manchmal tief durch, und nach Ablauf der Zeit nahm sie ihre Sachen und verabschiedete sich oft mit den Worten: „Das hat wieder gut getan."

Nach anfänglichen Schwierigkeiten mit diesem Verhalten, hervorgerufen durch mein Bedürfnis, etwas Entscheidendes zu sagen oder zu tun und der Frau irgendwie zu helfen, begriff ich langsam, daß es gar nicht um meine Person ging, sondern um den Raum, in dem sie ihre Gedanken fließen und ihre Gefühle zulassen konnte. In ihrem Alltag mit all seinen Anforderungen an sie benötigte sie offensichtlich diesen Zufluchtsort, wo sie in ihrer Trauer sein konnte.

Für den Begleiter aus dem familiären Umfeld oder dem Freundeskreis des Trauernden bedeutet dies: Er muß gar nicht so viel sagen, leisten, können, wie er glaubt. Es genügt, Platzhalter für die Trauer des anderen zu sein, ihm sozusagen im übergeordneten Sinn einen Raum bereitzustellen, in dem er sich lassen kann.

Erlaubnis:

Ein trauernder Mensch stellt manchmal sehr hohe Anforderungen an sich, an den Trauerablauf und sein Verhalten. Aus seiner Erziehung oder Weltanschauung heraus meint er zu wissen oder schreibt sich vor, was in der Trauer angebracht und was unziemlich ist. Das Schickliche, Anständige und Angemessene hat aber mit der Gewalt der auftretenden Gefühle nichts gemein und gehört als moralisierender Antreiber hier nicht hin. Alle „du solltest" und „du müßtest", die der trauernde Mensch fordernd an sich richtet oder von der Umwelt übernimmt, belasten seinen Trauergang zusätzlich und versperren sogar mögliche Trauerwege. Hier kann es hilfreich sein, dem Trauernden die Erlaubnis zu vermitteln, daß er sich nicht zusammenreißen muß und daß er sich nicht an einem Fremdbild „guter, gelungener" Trauerarbeit orientieren muß. Statt der verinnerlichten negativen Bannbotschaften: Sei nicht, fühle nicht, nimm dich nicht so wichtig, schaffe es nicht, tu's nicht, oder der positiven Antreiber: Sei stark in deiner Trauer, sei perfekt in deiner Trauer, beeile dich in deiner Trauer, streng dich an in deiner Trauer, mach's den anderen recht in deiner Trauer, heißen die Erlaubnisse: du darfst offen sein, du darfst du selber sein, du darfst dir Zeit nehmen, du darfst deine Trauer in deiner Art durchführen und abschließen, du darfst dich selbst bejahen.

Diese Erlaubnisse entmachten die Wirkung der Antreiber und Wegweiser.

Es ist die Erlaubnis zu leben und all das hervorzubringen, was in einem steckt. Diese Erlaubnis, dem Begleiter vielleicht nie als solche bewußt geworden und vielleicht auch nur selten mit Worten formuliert, tausendmal ausgedrückt im Klang der Stimme, in den teilnehmenden Augen und zugewandten Bewegungen, braucht der Trauernde einfach, um sich und seine Trauer zu leben.

Hilflosigkeit statt Macht:

Angehörige, Freunde, Kollegen, Nachbarn müssen keine „Fachleute in Trauer" werden. Sie brauchen keine Trauerverläufe und Phasenmodelle zu kennen. Sie dürfen ihre Angst spüren, daß das auch ihnen widerfahren kann, worunter der Trauernde leidet. Sie dürfen sich hilflos fühlen und nicht weiter wissen. Sie müssen das alles nicht verstehen und dürfen mit ihrem Latein am Ende sein. Und es wird nichts weiter passieren, als daß sie ihre Angst spüren, als daß sie sich hilflos fühlen und nicht weiter wissen, als daß sie das alles nicht verstehen und als daß sie mit ihrem Latein am Ende sind. Und? Furcht, Hilflosigkeit und Verwirrung sind grundsätzlich menschliche Lebensgefühle und in diesem Bereich der Trauer besonders angemessen. Also dürfen sie vorhanden sein, ja noch darüber hinaus, sie dürfen geäußert und ausgedrückt werden: Ich wäre gerne mutig in der Begegnung mit deiner Trauer, aber ich bin es nicht. Ich wäre gerne mächtig im Lindern deines Leides, aber ich bin es nicht. Ich hätte gerne Klarheit und Perspektive bei Ansicht deiner verwickelten Gefühle und deines gewundenen Trauerweges, aber ich habe es nicht. Aber ich laufe nicht fort, ich fliehe nicht vor deiner Trauer, sondern bleibe neben dir. Das ist das Angebot meiner Stütze und meines Trostes.

Trauerbegleiter aus dem nahen und persönlichen Umfeld benötigen kein psychologisches oder therapeutisches Fachwissen, weil das normale Trauergeschehen eben keine Gefühlsentgleisung ist, die möglicherweise einer Therapie bedarf. So sind auch hobbypsychologische Hinweise oder gar Deutungen mitnichten angebracht. Immer wieder hört man heutzutage im Umgang mit dem Schmerz und der Schwäche anderer scheinbar mitfühlende Phrasen, die ihr „Wissen" aus sehr kurzgreifenden, pseudo-psychologischen Darstellungen ziehen. Diese Hinweise stellen gerne einen Zusammenhang zwischen körperlichen Erscheinungen und seelischen Ursachen her; ihre Anwender scheinen die innersten Vorgänge im anderen Menschen genau zu kennen, stellen ihn rücksichtslos bloß und beschämen ihn zusätzlich noch, indem sie ihm signalisieren: Du mußt es bloß erkennen und abstellen, dann geht es dir besser. Wenn du es aber nicht so sehen willst, bist du selbst schuld, wenn es dir schlecht geht.

Die entsprechenden Redewendungen kennen wir alle: „Wem willst du etwas husten? Überleg doch mal, was dir dieses Symptom sagen will? Dein Magen drückt? – Was kotzt dich denn an? Was sagt dir deine Bindehautentzündung? Was in deinem Leben willst du eigentlich nicht sehen?" Und vieles Unpassende mehr.

Hier soll nicht gesagt sein, daß an solchen Überlegungen nicht etwas Wahres ist oder sein kann, nur sollten sie einzig und allein von dem angestellt werden, den sie betreffen. Wenn wir Begleiter uns als vermeintlich Wissende über den trauernden Nachbarn, Kollegen, Freund oder Angehörigen erheben, erniedrigen wir ihn und nehmen von seiner Würde, denn nur ihm obliegt der Einblick in die eigenen seelischen Hintergründe und nur ihm die Entscheidung, mit wem er diese Einblicke und Erkenntnisse teilen will. Ungebeten die innere Tür des anderen aufzureißen und in seinem vertraulichen Seelenmaterial zu kramen, ist ein brutaler Grenzübertritt – ob es dem anderen mitgeteilt wird oder ob es heimlich geschieht, macht keinen Unterschied. Der nachstehende Satz von Adorno könnte für alle Trauernden den Hintergrund vermitteln, ob sie sich anvertrauen können, und somit Leitbild für alle Begleitenden sein. „Geliebt wirst du einzig, wo schwach du dich zeigen darfst, ohne Stärke zu provozieren."

Der Respekt vor den sehr vielschichtigen und wechselwirksamen Zusammenhängen, die in der Regel nicht auf ein schlichtes „Eine Ursache – eine Folge-Denken" zurückzuführen sind, sollte uns an vielen Stellen eher schweigen lassen als unbedacht daherreden.

Trösten heißt, ein Bündnis eingehen –
Trauerbegleitung im Auftrag einer Institution

Nicht jedem Trauernden stehen Freunde und Familienmitglieder zur Seite. Gerade ältere Verwitwete sind manchmal die letzten in einer Familie. Kinder und Verwandte leben weit entfernt, Freunde von früher sind weggestorben. Vielfach erscheinen Trauernde auch für ihr verbliebenes nahes Umfeld ‚schwierig', sie wirken aus Sicht der Umstehenden oft undankbar und launisch, aggressiv und wehklagend und befolgen obendrein nicht die gegebenen Ratschläge. Dies führt bei Angehörigen und Freunden nicht selten zur Enttäuschung und führt ihnen die Vergeblichkeit ihrer so gut gemeinten Hilfsangebote vor Augen.

Bei anderen ist zu erwarten und wird deutlich, daß die Trauer erschwert verläuft. Hier sind Begleiter aus dem nahen persönlichen Umfeld des Trauernden schnell überfordert, und es ist hilfreich, auf erfahrene, hauptberuflich oder ehrenamtlich tätige Begleiter zurückgreifen zu können. Auch wollen manche Themen der Trauer oder aus ihr entwachsende Bedürfnisse nicht mit Verwandten oder Kollegen besprochen werden – hier bieten eine Einrichtung oder ein Dienst entsprechenden Schutzraum und die Wahrung von Vertraulichkeit für den Trauernden (z. B. Beratungsstellen, Hospizdienste u. a.).

Sind auch die Ansätze einer privaten Trauerbegleitung und einer institutionellen Beratung und Begleitung – abgesehen von einigen besonderen Verfahren für besondere Formen erschwerter Trauer – sehr ähnlich (Hilfestellung dabei, Trauer zu äußern; Rückversicherung über Normalität der Trauersymptome; Unterstützen beim Erleben verwirrender, widersprüchlicher und aggressiver Gefühle; Bestandsaufnahme der Vergangenheit und Auseinandersetzung mit neuen Perspektiven; Erlaubnis zu neuen Formen des Alltagsleben u.m.),[29] so unterscheiden sie sich in der grundsätzlich zugesicherten und eingehaltenen Verschwiegenheit und gleichbleibenden Zuverlässigkeit und Beständigkeit der letzteren Form.

Bietet eine Einrichtung Trauerbegleitung an, so hat diese eben einen anderen Charakter als die beiläufige Begleitung von Freunden und Mitmenschen im Alltag, nämlich den Charakter eines Bündnisses.[30]

Dafür bedarf sie dringend einer Organisation und Ordnung inhaltlicher und struktureller Art. Gerade in der Abgrenzung zu privatem Tun ist die Trauerbegleitung innerhalb eines Krankenhauses, Altenheimes, Hospizes, ambulanten Pflegedienstes u. ä. im Auftrag tätig. Als Fortführung einer Behandlung ist sie Teil eines Betreuungssystems und -teams. Diesem schuldet sie Rechenschaft über die einzelnen Handlungsschritte der Begleitung innerhalb des gesteckten Behandlungs- und Betreuungsrahmens. Gegenüber dem Trauernden hat sie innerhalb dieses Rahmens ein verbindliches, wenn nicht verpflichtendes Element. Das Aufgabenfeld erfordert eine besondere Bewußtheit, Sensitivität und Absicherung zum Schutz aller beteiligten Personen.

Mögliche Handlungsfehler sind kaum, wenn überhaupt korrigierbar, weil gerade der Beginn der Trauer entscheidend für den gesamten Verlauf ist. Für die Trauerbegleitung einer Einrichtung ist die Qualifizierung ihrer hauptberuflichen und ehrenamtlichen Mitarbeiter und ihr persönlichkeitsbildender Aspekt von größter Bedeutung.

---

[29] Vgl. Ralf Jerneizig, Arnold Langenmayr, Ulrich Schubert: Leitfaden zur Trauertherapie und Trauerberatung, Göttingen 1991.

[30] Unser neuhochdeutsches Wort Trost geht auf das gotische trausti = Vertrag, Bündnis zurück und gehört zur gesamten Wortfamilie Treue. Die institutionelle Betreuung Trauernder gewährleistet im besten Fall genau diesen Wortinhalt.

Offene Aufträge und geheime Ziele

Besonderes Augenmerk bei der institutionellen Trauerbegleitung verdienen die ausgesprochenen und unausgesprochenen Aufträge der Institution. Es stellt sich z. B. die Frage, wem der Begleiter in höherem Maße verpflichtet ist, wenn der Heimleiter einen Sozialarbeiter zu einer Bewohnerin schickt mit dem Anliegen: „Gehen Sie einmal zu Frau S. Sie ist sehr aufgeregt und unruhig, seit ihr Mann auf der Pflegestation liegt. Beruhigen Sie sie." Hier wird Trauerbegleitung verstanden als Beseitigung einer Störung, und der Sozialarbeiter wird sich entscheiden müssen, welchem Konzept er folgen will: dem Konzept eröffnender und auslösender Trauer oder dem der Vermeidung von Trauer.

Natürlich hat auch jeder Begleiter eigene Ziele, die sich aus seinem Selbstverständnis, seiner Rolle und seiner Person ergeben. Auch wenn Begleiter es mit der Vernunft besser wissen, insgeheim lebt in vielen von ihnen der Gedanke von Hilfe als Auslöser von Spontanheilung. Es ist zunächst gut und ausreichend, wenn die Begleiter diese Ziele erkennen, wenn sie auftauchen, und sie sich bewußt halten. Das kann im Laufe der Zeit dazu führen, daß man in der Trauerbegleitung ohne das Verfolgen eigener Ziele auskommt. Auch hier ist begleitende Supervision von nicht zu unterschätzendem Wert.

Diesen Machtanteil in der Begleitung sollten wir uns immer sehr genau anschauen.

Eine Gruppe ausnahmslos beruflicher Helfer, zum großen Teil selbst- und therapieerfahren, beschäftigt sich innerhalb einer Fortbildung eine ganze Sommerwoche mit dem Thema Helferkonzept. Die einzelnen sind sehr bemüht, sich einzubringen, etwas über ihre Helferpersönlichkeit zu erfahren und daran korrigierend zu arbeiten. Übungen, Referate und Aussprachen wechseln einander

*ab. Die Leiterin der gastgebenden Akademie hat zur Be-
grüßung eine große Schale mit Wasser, Steinen und zwei
Seerosen in die Mitte des Raumes gesetzt. Eine der Blüten
ist noch knospenhaft, fast geschlossen. Vom ersten Tag an,
zunächst als Gegenstand der Pausengespräche, später als
immer mehr raumgreifende Handlung, werden Gedanken
ausgetauscht und Versuche gestartet, diese zweite Blüte zu
öffnen und damit die Gruppe zu einem „Aha-Erlebnis" zu
bringen. Die Blüte wird aufgestellt, an die Steine gelehnt,
der Stengel wird mit einer herbeigeholten Schere gekürzt,
das Wasser gegen frisches und wärmeres ausgetauscht, die
Schale ans Fenster und in die Sonne getragen, die äußeren
Blütenblätter immer wieder vorsichtig gespreizt und ge-
dehnt. Erst als eine Teilnehmerin allen Ernstes vorschlägt,
alle oberen Blütenblätter wie bei einer Artischocke um
etwa ein Drittel zu kürzen, protestieren Gruppe und Trai-
ner und bemerken, was sie da veranstalten. Daß sie es nicht
aushalten, daß da etwas seiner vermeitlichen Aufgabe einfach nicht nachkommt oder nur seine eigene Zeit braucht.
Diese unfreiwillige Übung und ihr Erkenntniswert haben
viel gebracht und werden den Teilnehmern lange im Gedächtnis bleiben. Ich jedenfalls erinnerte mich neulich
dieser Übung, als ich mich dabei ertappte, einem Patienten ein Sinnangebot für seine Erkrankung unterbreiten zu
wollen.*

Kurzzeitbegleitung:
Strukturierung – Zielbestimmung – Delegation

Wie schon mehrfach erwähnt, kommt sogenannte normale
Trauer mit kurzzeitiger Begleitung als Unterstützung aus.
Davon zu unterscheiden ist therapeutische Hilfe, in der es
um mehr geht als das Auslösen normaler Trauer.

Begleitung innerhalb einer Institution bedeutet in der
Regel Kurzzeitbegleitung.

In keinem Krankenhaus und Alten(pflege)heim, selbst in keinem Hospiz, wird man in der nächsten Zeit angesichts von Kostendämpfung und Budgetierung eine Langzeitbegleitung für Trauernde sicherstellen können. Es stellt sich grundsätzlich die Frage, ob seitens einer Institution mehr als vorübergehende Begleitung geleistet werden muß, wenn man ihre erste Schutzfunktion und den Brückencharakter zur „tragenden Trauergemeinschaft", d. h. zu Gemeinden, Nachbarschaften, Familie ernst nimmt. Es kann sinnvoll sein, mit Vertretern dieser Gruppierungen „Übergabegespräche" zu führen, d. h. zu verdeutlichen, was der Trauernde nun braucht.

In einer Kurzzeitbegleitung gilt es, keine unnötige Zeit zu vertun, sondern das eine anstehende Gespräch oder die überschaubare Gesprächsserie in einer für den Trauernden sinnvollen und angemessenen Art und Weise zu planen.

Strukturierung

Im Freundeskreis und einem längeren An-der-Seite-Bleiben genügt, wie schon ausgeführt, der raumgebende Anteil von Begleitung. Das immer und immer wieder Erzählenlassen gibt Erleichterung und nimmt den Druck. Da reichen mitfühlendes Zuhören und Nachfragen aus.

Eine Aufgabe der institutionellen Kurzzeitbegleitung dagegen ist sicher, das Erzählen des Trauernden nicht nur hinzunehmen, sondern es in eine Anordnung und in ein Gefüge zu bringen. Wenn es stimmt, daß in erzählter Lebensgeschichte vom Erzähler auch gleichzeitig Sinn und Einklang mit sich selbst verfaßt werden und andererseits bei Verlust von Erzählmöglichkeit und Erzählfähigkeit ein Bedeutungsschwund der Lebensgeschichte droht, dann wird der Trauernde in einer gelungenen Begleitungsreihe sich selbst zuhören lernen und für das Erlebte den ersten Angang einer bedeutsamen oder sinnerschließenden Zuordnung herstellen können. Auch hier geht es natürlich nur um die Eröffnung, nicht um den ganzen Vorgang.

156

Eine Frau erzählt in der zweiten Stunde einer auf fünf
Termine angesetzten Begleitung nach dem Verlust ihres
Kindes in der 26. Schwangerschaftswoche, daß sie seit Tagen
einen richtigen Kloß im Hals verspüre.

Begleiter (B): „Wie fühlt sich dieser Kloß an?"

Trauernder (T): „Gar nicht rund wie ein Kloß, eher wie
ein Felsbrocken."

B: „Eher kalt und sperrig und sehr drückend?"

T: „Ja genau, er reibt mich wund und drückt auf alles
darunter."

B: „Darunter?"

T: „Ja, da will etwas raus, an ihm vorbei und kann nicht."

B: „Erst muß der Felsbrocken raus, damit das andere auch
hoch kann?"

T: „Ja, genau. Am liebsten würde ich den Brocken heraus-
würgen."

B: „Am liebsten würden Sie ihn rauskotzen."

T: „Ja, und wenn ich mich anstrenge, dann krieg ich ihn
auch raus."

B: „Sie brauchen nur all Ihre Kraft zusammenzunehmen,
dann könnte es klappen?"

T: (lacht) „Ja, sehen Sie, da liegt er schon, dieser steinerne,
graue, häßliche Klotz."

B: „Und was machen Sie nun mit ihm?"

T: „Ich laß ihn wegrollen."

B: „Wollen wir ihm mal nachschauen, wo er hinrollt?"

T: „Ja, er rumpelt den Berg runter, reißt Gräser und
Pflanzen nieder, schießt über eine Landstraße, fegt durch
das Loch einer Hecke, da ... er wird langsamer (blickt er-
staunt) ... und bleibt liegen."

B: „Wo ist das?"

T: (verwirrt): „Das ist ein Friedhof. Und ein Grab. Das ist
ja das Grab meines Vaters, wo er liegenbleibt ...

B: ...

T: „Was soll das nun?"

B: *„Sie fragen sich, warum der Felsklumpen, der so dringend aus Ihnen raus wollte, ausgerechnet auf dem Grab ihres Vaters liegen bleibt!"*

T: *„Mein Vater ist vor acht Jahren gestorben (weint). Ich habe mir damals keine Trauer erlaubt, weil es meiner Mutter so schlecht ging und sie mich doch als Stütze brauchte."*

B: *„Und jetzt spüren Sie diesen Schmerz. Und brauchen auf niemanden Rücksicht zu nehmen."*

T: *„Vielleicht muß ich erst mal das alte fühlen, bevor ich um mein Baby weinen kann."*

In der Kurzzeitbegleitung scheinen Strukturierung und Kanalisierung von Trauer von zentraler Bedeutung zu sein. Gerade im frühen Trauererleben fürchtet der Zurückgebliebene, in Gefühlsstrudel und Verwirrung unterzugehen und traut sich möglicherweise erst gar nicht, es zu spüren. Fest Ufer (Zielbesprechung, zeitliche Vorgabe, das Halten des Fadens durch den Begleiter) machen es möglich, daß der Fluß der Trauer zu fließen beginnt, ohne Überschwemmung und Deichbruch auf's Spiel zu setzen.

Zielbestimmung

Ich habe vor vielen Jahren eine ältere trauernde Frau begleitet und mir viel Mühe mit ihr gemacht, viele Angebote gegeben und war jederzeit für sie erreichbar.

Nach Ablauf der Begleitung sagte die Frau zum Abschied: „Es war ja ganz schön mit Ihnen, aber geholfen hat es mir nicht."

Auf mein Nachfragen, was sie denn erwartet hätte, sagte sie: „Daß Sie meine Traurigkeit wegmachen." Gleich zu Anfang befragt, hätte ich ihr deutlich machen können, daß ich das von ihr Gewünschte weder kann noch will. So aber hatten wir kostbare Zeit miteinander vertan, und wir ließen uns gegenseitig mit reichlich Frustation zurück.

Das Beispiel mag deutlich machen, wie wichtig eine Zielbestimmung in der institutionellen Begleitung ist, damit beide – Begleiter und Trauernder – wissen, auf was sie hinarbeiten. Diese Zielbestimmung muß immer eine gemeinsame sein, weder die des Begleiters noch die des Trauernden, sondern beide sollten sich auf ein Vorhaben einigen, um nicht ins Blaue zu marschieren. Erfahrungsgemäß ist auch ein kleines, begrenztes Ziel hilfreicher als ein großes.

„Ich will ihn nicht mehr vermissen" oder „Das Weinen muß nun aufhören" sind solche zu großen Ziele und liegen obendrein auch nicht im Willensbereich des Trauernden, so daß ihnen vorab kein Erreichen und kein Erfolg beschieden ist. „Ich will eine der Aufgaben übernehmen, die er für mich erledigte" oder „Ich will an der Theke im Supermarkt meine Bestellung sagen, ohne zu schluchzen" sind begrenzte, erreichbare Vorhaben. An ihnen ist gezielt und klar zu arbeiten, ebenfalls frühzeitig zu überprüfen, woran der Trauernde bemerken kann, daß er auf dem Weg zum Ziel bereits vorangekommen ist.

Auch die Fragen, wer ihn in der Zielgeraden behindert, weil ihm das alte Verhalten dienlicher ist; welche unguten Folgen das Erreichen des Ziels für den Trauernden oder andere haben könne; auch z. B., in welchen Ausnahmesituationen der Trauernde sein Zielverhalten ablegen darf, gehören zum Entwurf der Zielbestimmung.

Wir halten diesen festen Umriß für einen wichtigen Baustein der Kurzzeitbegleitung, weil der Trauernde selbst jederzeit überprüfen kann, wo er gerade steht und sein Fortschreiten und Wachsen nacherleben kann.

Delegation

In der Kurzzeitbegleitung hat vor allem die Unterscheidung zwischen den Zeichen eines ‚normalen' Trauerablaufs und den Boten eines erschwerten Trauerverlaufs größte Bedeutung, um schon recht früh an eine Langzeitbegleitung oder

Therapie als tiefere Hilfestellung zu verweisen. Auch bei dieser Abgrenzungsaufgabe zeigt sich, daß die Trauerbegleitung innerhalb eines institutionellen Rahmens entscheidende Vorteile hat: In einem Krankenhaus, Heim, Hospiz oder während der Betreuung durch einen ambulanten Pflegedienst kennt und erlebt man die Angehörigen schon während der Kranken- und Sterbezeit der Patienten und Bewohner. In hellhörigen Gesprächen mit ihnen ist dem Team oder dem einzelnen Begleiter schon manches aufgefallen und deutlich geworden. In Gedanken ist schon eine kleine Traueranamnese erstellt, ein waches Auge ruht auf den sprachlichen und körperlichen Reaktionen. Das Angebot oder sogar die Bereitstellung weiterführender Therapie über die institutionelle Begleitung hinaus sollte angedacht werden,

– wenn ein Krankheitsfall oder Tod äußerst unerwartet eingetroffen ist;

– wenn mehrere Verluste in kurzen Abständen aufeinander folgten;

– wenn der Tod sehr dramatisch oder traumatisch für den Hinterbliebenen war (d.h. es sind schreckliche Bilder mit ihm verbunden);

– bei Mord oder Selbsttötung;

– bei verschuldetem oder vermeintlich verschuldetem Tod;

– bei besonderer persönlicher Verwundbarkeit des Hinterbliebenen, z.B. körperlichen oder seelischen Erkrankungen, Suizidäußerungen, früheren Suizidversuchen, einem sehr geringen Selbstwertgefühl;

– bei geringem Vertrauen in andere Menschen;

– bei tiefen Rissen im sozialen Netz;

– bei Abwesenheit von Familie oder anderer bergender und stützender Beziehungen;

– bei Stigma oder Ablehnung (AIDS, Suizid).

In diesen Fällen kann der Verweis an eine therapeutische Beratungsstelle oder einen niedergelassenen Psychotherapeuten, deren spezielles Angebot die außergewöhnliche emotionale Situation Trauernder berücksichtigt, dem Abgleiten in eine tiefe Lebenskrise oder schwere Krankheit vorbeugen. Ein solcher Verweis und die Hilfestellung bei der hohen Schwelle der Kontaktaufnahme zeigt nicht etwa die besondere Unfähigkeit oder Hilflosigkeit eines Begleiters, sondern vielmehr sein hohes Verantwortungsgefühl dem Trauernden gegenüber.

Der Mythos vom guten Trauerbegleiter – Selbstloses Helfen?

Neben allen wichtigen Ordnungs-, Aufteilungs- und Ausrichtungsfragen einer organisierten Begleitung bleibt nicht zu vergessen, daß der Persönlichkeit des Begleitenden die Hauptbedeutsamkeit zukommt. So soll diese Persönlichkeit im Mittelpunkt der abschließenden Gedanken stehen.

Menschen, die in der Sterbe- und/oder Trauerbegleitung tätig sind, werden von anderen häufig mit erhebenden Eigenschaften belegt: mutig, stark, selbstlos, mitleidend, mitmenschlich, gütig, warmherzig, hilfsbereit, uneigennützig u. v. m.. Bevor sich Begleiter diesen Stempel aufdrücken lassen und ihn als Gütezeichen tragen, mögen sie kritisch hinterfragen, ob diese Eigenschaften – in der Fülle oder einzeln – wirklich und ganz zutreffend sind und ob der Quell ihres Tuns nicht auch einen durchaus erlaubten ‚egoistischen‘ Anteil hat. Es ist darüber hinaus sogar zu vermuten, daß, je mehr Selbstlosigkeit und Hilfsbereitschaft eine Begleitung leiten, um so mehr an Größenphantasien, Eifern, missionarischem Denken, Listen mit Tagesordnungspunkten, Bilder von Zielgeraden und Siegertreppchen in ihr versteckt sind. Selbstlosigkeit genügt sich auf Dauer nicht, macht hungrig und will wenigstens auf der anderen Seite, der das geglaubt uneigennützige Bemühen gilt, Erfolg sehen und daraus Nahrung ziehen. Wenn der Begleitete dann aber nicht in dem Maße und der Art wie erwartet mitzieht, kehrt sich die Güte oft in lähmende Frustration und drückenden Ärger um. An dieser Stelle wird offenkundig, wie sehr doch mit einem Ertrag auf der Habenseite gerechnet wurde, einer Befriedigung, wie gut, edel, hilfreich und vor allem erfolgreich man begleitet habe.

Häufig endet dann die anfängliche Zuwendung in einem aufgebrachten Rückzug.

Es mag ehrlicher sich selbst und seinem Tun gegenüber sein, die Selbstlosigkeit in Zweifel zu ziehen und die erhofften Gewinne von Anfang an anzusehen, sie zu kennen und kritisch in sein Tun einzubeziehen.

Je ‚selbstvoller' ein Begleiter ist, um so weniger ausbeuterisch werden die Gewinnanteile der Begleitung sein. Ein selbstvoller Begleiter kann darauf verzichten, an der Schwäche des Trauernden seine Kraft zu spüren. Er benötigt keine schnellen, meßbaren Erfolge und Dankesbezeugungen.

Er muß den Trauernden nicht als Objekt seiner Bemühungen sehen, sondern als Partner, der für sich und das, was er tut, Verantwortung übernehmen kann. Er muß nicht die entstandene Nähe innerhalb der helfenden Beziehung ausnutzen, um sich zu spüren.

Meine ersten frühen Aufenthalte in einem amerikanischen Hospiz lehrten mich durch die fremde Sprache und ihre Übersetzung viel über eine gesunde Begleiterbeziehung. Die englische Sprache benutzt das Wort ‚help' (helfen) nur für konkrete Tätigkeiten und Handreichungen. Unser ‚soziales Helfen' wird mit ‚support' umschrieben, was soviel heißt wie ‚unterstützen'. Mit dem Wort helfen verbindet sich häufig die Geste hochgekrempelter Ärmel und zupackender Hände. Die Geste, die zum Wort unterstützen gehört, ist ungleich zarter: Hände in Bereitschaft. Bereitschaft, sich unter den Haltsuchenden zu schieben, wenn er dies wünscht, aber nichts an seiner Stelle zu tun,

162

weil er nur in einer Krise ist, aber keinesfalls hilflos oder unfähig.

Wenn Begleitung von dieser Geste durchsetzt ist, gibt es nichts zu retten im Leben des anderen, gibt es nichts zu kontrollieren in seinem Verhalten, gibt es nichts an des anderen Stelle zu übernehmen, gibt es nichts von ihm zu fordern. Dann kann der Begleiter entspannt, frei und locker sein, die Begleitung genießen. Das ist möglicherweise einer seiner Gewinne, der dem anderen aber nichts nimmt. Dieses deutlich sicht- und fühlbare Wohlsein des Begleiters läßt im übrigen auch den Begleiteten nicht als Schuldner zurück, weil das Geben und Nehmen zwischen ihnen im Gleichgewicht ist.

Ein geeigneter Trauerbegleiter kennt die Gründe und Gefahren seines Tuns. Er verinnerlicht eine Haltung gegenüber Sterben, Tod und Trauer und kann auf das Ausüben schierer Methodentechniken verzichten. Er ist in Kontakt mit seiner eigenen Trauer, wahrt einen heilenden Abstand in der nahen Beziehung zum Trauernden und sorgt in seinem Leben und seinen Beziehungen für Ausgleich und Wohlbefinden.

Beweggründe

Die Beweggründe für soziales Tun sind nicht nur ausführliches Thema in den Befähigungs- und Ermutigungskonzepten für ehrenamtliche Mitarbeiter, sondern dürfen genauso von Hauptberuflern in den verräterisch sogenannten ‚helfenden Berufen' hinterfragt werden. Es geht hier nicht um Entlarvung oder Auf-die-Schliche-Kommen, sondern um Handeln in Bewußtheit und damit auch Verantwortung. Es ist wesentlich, gerade in diesem Bereich des Handelns sich Rechenschaft über das eigene Tun und die es leitenden Vorstellungen zu geben. Das heißt, sich die Fragen zu stellen: „Was tue ich eigentlich? Wem zu Gewinn tue ich es? Wozu tue ich es? Welche Vorstellungen bringe ich mit und übermittle ich?"

Ob ich es tue, weil ich diese Rolle schon sehr früh in meiner Herkunftsfamilie zugewiesen bekam und ich nur in der helfenden Rolle geliebt und belohnt wurde; ob ich es tue, um meine Angst vor Tod und Trauer abzubauen und es meine Strategie ist, nah hinzugehen und zu betrachten, was mich ängstigt; ob ich es tue, weil ich mich in meinen Lebensbezügen häufig nicht gesehen, klein und schwach fühle, hier aber einmal eine Position der Stärke und Überlegenheit einnehmen darf; ob ich es tue, weil nur wenige mit mir zufrieden sind und immer noch mehr von mir fordern, ich hier aber Dankbarkeit erleben darf; ob ich es tue, um in der Begegnung mit dem anderen Menschen, mit seiner Kraft, seinem Mut, seinem schöpferischen Umgang mit Leid in Kontakt mit den Sinnfragen meines Lebens und meiner Spiritualität zu sein – an keinem Beweggrund ist etwas Schlechtes. Wichtig ist nur, daß ich ihn kenne, daß er sein Treiben nicht heimlich vollzieht. .

Wenn diese vergleichende und prüfende Betrachtung fehlt, besteht die Gefahr, den Trauernden zu belasten statt zu entlasten und im eigenen Tun auszubrennen.

Auf einer Vortragsveranstaltung zur Herbstzeit erklärte eine ältere freie Hospizmitarbeiterin in der Pause mit strahlendem Gesichtsausdruck, sie habe z. Z. ihre 27. Begleitung „laufen". Auf die Frage nach dem Zeitraum anwortete sie, innerhalb dieses Jahres, und wenn einmal kein Patient zur Begleitung zu vergeben wäre, würde sie „ganz schön nervös".

Die nähere Erzählung und der Hinweis dieser Frau, daß sie ganz in ihrer Tätigkeit „aufgehe", machten deutlich, daß es sich bei dieser Mitarbeiterin möglicherweise um eine Helferpersönlichkeit handelte, die sich ausschließlich über ihr Helfen bestimmte und beschrieb.

Die Frage des Beweggrundes zu dieser Arbeit hängt eng mit den heimlichen und offenen Zielbestimmungen in der Trauerbegleitung zusammen. Der Alltag der Begleitung ist häufig von sehr hohen Idealen und nahezu idealisierten Leitbildern und Normen gekennzeichnet.

Ein Ideal ist aber ein Ideebild und existiert nur in der Vorstellung. Der Realität, dem wirklichen Erscheinen, entspricht es meist nicht.

Damit aus dem eigenen Antrieb zum Tun kein Antreiber für eine besondere oder vermeintlich besonders gelungene Art des Trauerns wird, ist die intensive Auseinandersetzung mit diesem Thema unverzichtbar. Hier wird noch einmal deutlich, wie notwendig das Angebot und die Inanspruchnahme der Supervision für haupt- und ehrenamtliche Trauerbegleiter ist.

Haltung vor Technik

Mit Haltung ist der Bewußtseinszustand gemeint, mit dem man an eine Sache, eine Person oder ein Erlebnis herantritt und von dem die Auffassung der Sache, der Person und der Verlauf des Erlebens mitbestimmt werden. Diese Einstellung ist entscheidend für den Umgang mit Sterbenden und Trauernden und prägt die Begleitung. Es ist davon auszugehen, daß sich aus einer Haltung, die erfüllt ist:

– vom Respekt vor dem Leben;

– vom Respekt vor der Selbstbestimmung trauernder Menschen;

– von Fairneß im Umgang mit sehr begrenzten Ressourcen bei Trauernden und ihrem Umfeld;

– von einem Handlungsansatz als Unterstützung statt als selbsttätigem Aktionismus sich die erwarteten Handlungslinien der Begleitung sozusagen von selbst ergeben.

Aus den zuvor genannten Gründen wird deutlich, daß es in einem gesunden Begleitungskonzept in erster Linie um das Erlangen bzw. Wiedererlangen einer Haltung gehen muß, anstatt um das vordergründige Erproben von Techniken. Methodische Techniken können sehr hilfreich sein; werden sie aber nur um ihrer selbst willen angewandt, sind sie beziehungstötend. Dann bliebe der Trauernde Objekt und der Betreuer in der Distanz derer, die eine Methode handhaben, bei der sie selbst nicht beteiligt sind. Der Trauernde braucht keine Methode, er braucht einen Menschen, der in der wachsenden Isolierung seines Schmerzes mit ihm solidarisch ist. Wenn ein Trauernder von seinem Begleiter sagt, dieser verstehe ihn, dann meint er nicht, daß seine Situation vom anderen durchschaut und in irgendein psychologisches Koordinatensystem oder Phasenmodell eingeordnet wird. Er meint vielmehr, daß der andere mit seinem ganzen Wesen auf ihn eingeht.

Die Haltung, Trauer nicht als behandlungsbedürftige Krankheit einzustufen, Trauer als Möglichkeit für einen Reifungsprozeß zu einer Umwandlung des Lebens zu begreifen und der Respekt vor der großen Leistung, die der Trauernde im Auslösen und Durchgehen seiner Trauer vollbringt, führen zur Ehrfurcht. In der Ehrfurcht des Begleiters behält der Trauernde auch als der vorübergehend Schwächere und Unterstützungsbedürftige seine Würde, sein Ansehen und seine Achtung vor sich selbst. Im Wort Furcht steckt die Scheu des Begleiters, in die Belange des Trauernden einzudringen, ihn zu zwingen und verändern zu wollen. Diese Haltung gilt es einzuüben, aus ihr läßt sich das entsprechende Handeln ableiten.

Begegnung mit der eigenen Trauer

Weil der Begleiter im besten Fall nicht nur als Methodenhandhabender anwesend ist, sondern mit seinem ganzen Menschsein angesprochen und am Prozeß beteiligt ist, wird es immer wieder vorkommen, daß sich zwei Trauererlebnisse kreuzen, das eine, um dessentwegen Begleitung stattfindet, und das andere, das sich für sich erinnert und ins Mitschwingen kommt.

Da Begleiter häufig aus einem eigenen, reichen und sehr tiefen Trauererleben in Kontakt mit ihrer Tätigkeit gekommen sind, wird diese Erfahrung durch die fremde Erfahrung, selbst wenn diese ganz anders geartet ist, immer gestreift werden.

Mit ähnlichen Worten wie denen des Dichters Rilke fragt sich auch so manches Mal der mitfühlende Begleiter: „Wie kann ich meine Seele halten, daß sie nicht an deine rührt?" Diese Berührung mit der Drangsal und dem Gram Trauernder und das eigene Erinnern an ähnlich Erlebtes und Gefühltes vermeiden zu wollen, wird sicher nicht gelingen. Rührung prallt eben nicht an der Außenhaut ab, sondern ereignet sich im innersten Teil unseres Wesens. Sie kann zwei verschiedene Saiten mit einem Bogenstrich zum Klingen bringen. Sie kann aber auch zu Mißtönen führen, wenn sich das eigene Gefühl mit dem des Gegenübers zu vermischen sucht. Wenn es nicht mehr zwei Personen sind, Begleiter und Trauernder, die sich gegenüberstehen, sondern nur noch ein großer gemeinsamer Trauersee zu sehen ist, an dessen Ufern die Plätze vertauscht sind. Der Begleiter ist an die Stelle des Trauernden getreten, der Trauernde wird dann in die Rolle des Begleiters genötigt. Die Gefahr in dieser Begleitsituation liegt darin, daß die eigene Trauer von der fremden nicht getrennt gehalten wird, und daß Begleiter manchmal vermuten, daß das, was ihnen hilfreich war, auch dem Gegenüber hilfreich sein könnte oder sogar sollte und darauf ihre Bemühungen ausrichten. Um so wichtiger ist es, die eigene Trauerlebensgeschichte eindringlich angeschaut zu haben. Nur wenn der Begleiter versteht, daß es keinen vergleichbaren Schmerz zu dem gerade beim anderen gesehenen gibt und daß es keine gemeinsamen Verfahrensweisen und keinen gemeinsamen Umgang mit Trauer gibt, weil die Möglichkeiten der Lebensumwandlung durch Trauer in der Rückbesinnung auf die ureigenen Kraftquellen zu finden sind, wird er darauf verzichten, auf den Trauernden einzuwirken.

Nur die ausreichende Trennschärfe zwischen der eigenen und der fremden Trauer werden den Rückgriff auf die so beliebte Floskel „Ich an Ihrer Stelle würde ..." verhindern. Für diese Trennschärfe braucht es neben der Kenntnis des eigenen inneren Geschehens eine vertiefte Wahrnehmung des anderen, ein genaues Hinsehen und gewissenhaftes Hinhören.

In einer Supervisionsgruppe berichtet ein Krankenhausseelsorger von einem Aphasiker, dem er bei jedem Besuch abschließend ein Gebet vorgesprochen habe. Nach dem Tod des Patienten habe er bei dem Vorbereitungsgespräch für die Trauerfeier von dessen Tochter erfahren, daß der Patient schon vor vielen Jahren aus der Kirche ausgetreten sei und kein Interesse mehr an Glaubensfragen gezeigt hätte, und nun sei er bezüglich seines Vorgehens sehr verunsichert. Auf die Frage, was ihn denn zu dem Glauben veranlaßt habe, daß der Patient beten wolle, sagte der Seelsorger, er habe dies vermutet, weil er in solch einer Situation Trost daraus beziehe. In einem nachgehenden Rollenspiel, in dessen Verlauf der Seelsorger die Rolle des Schwerstkranken einnahm, und der Reflektion aller beobachteten Gesten wurde deutlich, daß der Kranke reichlich Zeichen der Abwehr und der inneren Emigration gezeigt hatte, die aber der Betreuer im sicheren Bewußtsein seiner Mutmaßung übersehen hatte.

An diesem Beispiel mag deutlich werden, wie sehr die Vermittlung von wacher Aufmerksamkeit zu den vordringlich vermittelten Lernzielen in der Trauerbegleitung gehören muß. Die Verben merken und aufmerken sind von dem germanischen Substantiv marka = Zeichen abgeleitet und bedeuten demzufolge, die Zeichen und das Kenntlichgemachte zu beachten. Im Gegensatz zur ‚Mutmaßung‘ findet bei der ‚Aufmerksamkeit‘ keine Deutung statt. Deutungen könnten aber das Ende aller sprachlichen und nichtsprachlichen Bedürfnisäußerungen sein. Dieser Gefahr vorzubeugen, macht Wahrnehmungstraining gerade in der Trauer- sowie Sterbebegleitung zum unverzichtbaren Bestandteil eines Lernkonzeptes.

Neutralität

Mit Neutralität ist hier nicht ein unbeteiligtes Außenvorbleiben beim Trauerprozeß und im Beziehungsgeflecht zum Trauernden gemeint. Das lateinische Adjektiv neutralis bzw. neuter meint „keines von beiden" und bedeutet „keiner Partei angehörend". Es meint nicht die Nichtbeteiligung an einem Vorgang, aber die Parteilosigkeit, Objektivität, Sachlichkeit, und Unvoreingenommenheit. Es bezeichnet das In-der-Mitte-Bleiben und Nicht-Verschmelzen. Dies ist der Standort der hilfreichen Unterstützung innerhalb einer Trauerbegleitung.

Von diesem Ort aus wird es dem Begleiter nicht widerfahren, daß er unvermutet in die Lücke des Verlustes rutscht und den Platz des vermißten Menschen einnimmt. Kleine Geschenke für den Begleiter, der Vorschlag, ihn einmal zu bekochen, Einladungen nach Hause, Anrufe außerhalb der Abmachung, Verschenken von Gegenständen und Kleidungsstücken des Verstorbenen an ihn können ein Hinweis sein, daß ein Trauernder auf den Begleiter hin Hoffnung auf Ersatz hegt. „Ich bin immer für Sie da," war vielleicht zuvor das verhängnisvolle Angebot auf der Begleiterseite.

Begleitung setzt ein Ich voraus, das einen festen Halt in sich selber hat und gleichzeitig für die Zuwendung an ein Du offen ist. Das Ich braucht Festigkeit und Durchlässigkeit zugleich. Begleiter dürfen sich trauen, *in* der Begleitung zum anderen Nein zu sagen, sonst weichen sie möglicherweise in eine Wohlfahrtsbeziehung aus. Das Ja könnte dann zum totalen Nein führen, dem Nein *zur* Begleitung.

Seelische Gesundheit und Ausrichtung

Die ständige Beschäftigung mit und Begleitung von Sterbe- und Trauerprozessen anderer Menschen und der ehrliche Wunsch, hier Unterstützung leisten zu wollen, bergen die Gefahr, von sich selber abzurücken und seine Fähigkeit zur Selbstkenntnis und zum Selbsterlebnis zu verlieren.

Ganz abgesehen von der Verpflichtung des Trägers einer solcher Arbeitsstelle, für seine Mitarbeitenden eine ständige Möglichkeit des Austausches und der Bearbeitung dessen, was in der Begleitung passiert, bereitzustellen und dies nicht als „Privatvergnügen" abzustempeln, kann sich auch der Begleiter mit den eigenen Belastungsgrenzen und Wünschen sorgend und nährend auseinandersetzen. Auch die Aufgabe des heroischen Gedankens, alles (Trauer)leid der Welt zu lindern und das Einüben in die Gelassenheit, Dinge und Menschen so zu lassen wie sie sind, dienen der eigenen seelischen Fürsorge. Eine Ausdrucksform dieser Haltung ist nicht etwa die schnoddrig-lieblose, mit gesunder Abgrenzungsaussage verwechselte Redensart: „Das ist dein Problem!", sondern eher der Satz: „Ich bin ich, und du bist du. Wenn wir uns auf der Schnittstelle begegnen, kann das sehr tief und schön sein. Was dich betrifft, geht auch mich etwas an, aber ich mache es nicht zu dem meinen."

Ohne das Für-Wahr-Nehmen körperlicher und seelischer Bedürfnisse seiner selbst und des fürsorgenden Umgangs mit ihnen ist das Band der Hingabe in der Begleitung schnell überdehnt. An diesem Wechselspiel von Hingabe an sich und Hingabe an den anderen kann auch der Trauernde wieder lernen, aus der Besetzung durch die Trauer herauszutreten, sich selbst mit Interesse und Achtung zu begegnen und damit frei und offen zu sein für neue Lebensbezüge und -beziehungen.

Um zu überprüfen, ob die Waage des Sorgens für sich und für andere im Gleichgewicht ist, die Beschäftigung mit sich und der eigenen Trauer einen gleichbedeutenden Raum einnimmt wie die Neugierde auf andere und die Hinwendung ans Leben mit all seinen aufregenden Möglichkeiten, können sich Begleiter und Trauernde von Zeit zu Zeit diese Fragen stellen:

Ist die Nahrung, die Sie zu sich nehmen, nahrhaft?

170

Sind die Lebensmittel, die Sie verwenden, Mittel zum Leben?

Nehmen Sie Rücksicht auf sich, Ihre Gefühle und Ihre Bedürfnisse?

Entwickeln Sie Fähigkeiten, mit anderen Menschen in einen aufrichtigen, gleichgeordneten Kontakt zu treten und darin zu bleiben?

Genießen Sie die Unterstützung einer Gruppe?

Unterhalten Sie nährende Beziehungen?

Entwickeln Sie Ihre Fähigkeit zuzuhören, ehrlich sich selbst gegenüber zu sein und um das zu bitten, was Sie möchten?

Sind sie froh über das Leben, das Sie führen?

Mögen Sie sich?

Sind Sie in Ihrem Körper zu Hause?

Trauen Sie sich, Ihr Herz zu öffnen und sich von einem anderen Menschen in Ihren Grundfesten erschüttern zu lassen?

Gehen Sie mit Ihren Schwächen nachsichtig und lernend um?

Können Sie aus vollem Herzen lachen?

Entwickeln Sie Ihre Fähigkeiten für Humor und Spaß am Leben weiter?

Zeigen Sie sich selber gegenüber Wertschätzung?

Verfügen Sie über Möglichkeiten zu entspannen?

Lassen Sie zu, daß Sie aus Ihren Fehlern und aus Ihren Erfolgen gleichermaßen lernen?

Gestehen Sie sich ohne Einschränkung zu, offene und tiefe Liebe zu empfinden und zu leben?

Können Sie sich verzeihen?

Dies ist kein Fragebogen, der wie ein Psychotest in Zeitschriften, mit ja oder nein bekreuzt, durchgezogen werden will. Aber sich diese Fragen gelegentlich zu stellen, kann dazu führen, die Möglichkeiten von Reifen und Wachstum zu begreifen, die auch in der Auseinandersetzung und dem zu lernenden Umgang mit Leid und Trauer verborgen liegen.

Zu dieser Sicht benötigen Begleiter und Trauernde ein Grundvertrauen, das sie wahrscheinlich nur aus einer spirituellen Eingebundenheit beziehen können. Haben sie in ihrer Vorstellung etwas gefunden, „auf das es sich lohnt, hinzutrauern", wie es eine Seminarteilnehmerin von uns ausdrückte, werden sie der Trauer unerschrockener begegnen können. Dann wird es möglich sein, sowohl die Prüfung als auch den Segen der Trauer zu erfahren.

Was die Hopizbewegung in der Begleitung Trauernder leisten kann

Die Hospizbewegung versteht sich als Dienst für Schwerstkranke, Sterbende und ihre Angehörigen. Der Blick auf die Angehörigen erweist sich als mindestens so wichtig wie der auf die Sterbenden. Die Angehörigen haben im Prozeß des Sterbens enorm viel zu leisten, sie haben aber noch mehr in der Bewältigung der Todeserfahrung eines ihnen nahen Menschen zu bewerkstelligen. Daher gehört die Begleitung Trauernder unbedingt mit in die Arbeit der Hospizbewegung. Es gilt, den Trauernden Anlaufstelle in ihrem Erleben zu sein, ihnen Hilfen als einzelnen wie als Gruppen (z.B. Familien) zu geben. In der Hospizbewegung entwickeln sich zwei Strukturen der Trauerbegleitung: die bei uns bekannten „Komm-her-Struktur" und die in angelsächsischer Tradition beheimatetere „Geh-hin-Struktur". Es sind unterschiedliche Blickrichtungen, Trauernden Hilfe zu bieten.[31]

So, wie die Hospizbewegung neben dem Dienst an den Sterbenden und Angehörigen auch die Bereicherung der

---

[31] Vgl. dazu das unter „Trauerbegleitungen" und „Nachgehende Trauerbegleitung" Gesagte.

Lebens- und Sterbekultur in unserer Gesellschaft verfolgt, gehört auch die Bestärkung einer angemessenen Trauerkultur in unserer Gesellschaft zu ihren vornehmlichen Aufgaben.

Hospize als Anlaufstellen

Wie wir aus den vorhergehenden Ausführungen wissen, haben Trauernde mit Isolierungen und Rückzug zu kämpfen, und fühlen sich darin oft hilflos und überfordert. Die Kontaktstellen der einzelnen Hospizdienste können hier vertrauentragende Anlaufstellen sein. Geschulte KoordinatorInnen stehen dazu ebenso bereit wie für solche Kontakte befähigte und begleitete ehrenamtliche MitarbeiterInnen. Diese Begegnung kann Trauernden in Besuchen oder Telefonkontakten angeboten werden. Bei den Anlaufstellen kann auch im Bedarfsfall der Hinweis auf professionelle Begleitung bei erschwerter Trauer gegeben werden.

Trauerbegleitungen

Neben der spontanen Möglichkeit, sich in Trauerfragen informieren zu können – manchmal geht es auch „nur" um ganz nüchterne, aber lebensnotwendige Nachfragen –, sind eingehendere Trauerbegleitungen gesucht. Hier sind Einzelbegleitungen und Begleitungen in Gruppen angeboten. Welche Form für wen die geeignetste ist, wird sich im Einzelfall klären. Eine Erfahrung ist, daß sich Menschen in ganz akuter, „frischer" Trauer in der Regel in Einzelberatung wohler fühlen; Gruppen können im Chaos der Gefühle noch eine Überforderung sein. Menschen, die in einer „normalen" fortgeschrittenen Trauer stehen, erfahren durch Gruppengesprächsreihen oft eine Hilfe, sich mit ihrem Trauererleben einordnen zu können. Sie erleben, daß sie nicht „verrückt", sondern ganz normal Trauernde sind. Sie nehmen nicht selten aus der Wahrnehmung der anderen Mittrauernden Kraft für ihren eigenen Weg, auch eine Erweiterung ihres eigenen Erlebens mit. In solche Gruppen kommen nicht selten Menschen, bei denen der Ursprung der Trauer mehr als ein Jahr zurückliegt.

Sowohl in der Einzelberatung wie in begleiteten Gruppen ist es wichtig, denen, die eine erschwerte Trauer durchleben, entsprechende fachliche Hilfe anzuraten. Es gibt Hospize, die in der glücklichen Lage sind, solche professionellen Dienste – ggf. auch kostenfrei – anbieten zu können.

Es gibt unterschiedliche Formen der Trauergruppen. Manche treffen sich als Selbsthilfegruppen, manche als angeleitete Gruppen; manche geben einen fest umgrenzten Rahmen der Treffen vor, andere wiederum lassen das Ende offen. Nach unserer Auffassung ist den angeleiteten Gruppen der Vorrang vor reinen Selbsthilfegruppen und der begrenzten Gesprächsreihendauer vor der offenen Dauer zu geben. In angeleiteten Gruppen leitet die Struktur der Treffen den Trauerprozeß oft klarer.[32] Auch hilft die fachliche Begleitung, evtl. auftretende erschwerte Trauer zu erkennen und Hilfe zu vermitteln.

Die Begrenzung auf eine bestimmte Zeit scheint völlig ausreichend für die Begleitung der normalen Trauer. Trauernde haben genügend Eigenenergie, ihren Trauerweg zu gehen. Die Begrenzung beugt auch einem möglichen Verharren in der so wärmenden Gruppe vor. Wir haben in den Ausführungen des Buches gesehen, daß für eine Zeitlang Symbiose eine Hilfe für Trauernde ist, aber nur für eine begrenzte Zeit. Dann nämlich kommt es auf die Stärkung der Eigenständigkeit an, um die Umwandlung des Lebens durch die Trauer gelingen zu lassen. Trauergruppen sollen keine Symbiose-Kuschelgruppen werden. Damit ist im Sinne gelingender Trauerwege niemandem gedient.

---

[32] Dazu ausführlicher ein Beispiel einer Trauergesprächsreihe des Hospiz in Frechen e.V. am „Beispiel einer angeleiteten Trauergruppe".

Die hier beschriebenen Gruppen- und Einzelbegleitungen gehen von einer „Komm-her-Struktur" aus: Die Trauernden machen sich selbst auf den Weg, um sich Hilfe zu holen.

Nachgehende Trauerbegleitung

Aus angelsächsischen Ländern ist uns eine „Geh-hin-Struktur" der Trauerbegleitung bekannt: Die Trauerbegleitenden gehen unaufgefordert auf Trauernde zu und bieten mit einer gewissen Zielstrebigkeit Begleitung an. Das Programm heißt dort „widow to widow" (von Witwe zu Witwe), was den Kern der Bewegung bereits beschreibt: Witwen, also in der Trauer selbst Erfahrene, gehen zu anderen Trauernden, um ihnen Hilfe anzubieten. Sie melden sich bei Trauernden und kündigen einen Besuch an, den die Angesprochenen ausdrücklich ablehnen müssen, wenn sie derlei Besuche nicht wollten. Die Idee hinter dieser zielstrebigen Vorgehensweise ist das Wissen um die Unfähigkeit vieler Trauernder, sich auf den Weg zu machen, den sie eigentlich sehr wünschen. Es versteht sich, daß diese Trauerbegleitenden eines Hospizdienstes eine besondere Befähigung und eine bleibende Begleitung brauchen, vor allem, um den Trauernden nicht ihr eigenes Trauern oder ihre eigenen Trauerwege aufzudrücken.

In Deutschland gibt es bisher nur wenig positive Erfahrungen mit diesem „widow to widow"-Programm, wobei noch unklar ist, ob dies zum Teil an der nicht angel-sächsischen Mentalität in Deutschland liegt oder das Befähigungsprogramm und die Begleitung der Trauerbegleitenden noch intensiver durchdacht und erprobt werden muß. Entsprechende Bemühungen sind in vollem Gange.[33]

---

[33] Der Hospiz in Frechen e. V. erstellt in Zusammenarbeit mit ALPHA, der Landesstelle für Hospizarbeit im Land NRW, ein Projekt zur Befähigung und Begleitung von Trauerbegleitenden.

Nachgehende Trauerbegleitung ist aber auch mit sehr viel weniger Aufwand leistbar, wenn da, wo Trauernde Kontakte mit Hospizen aufgenommen haben, sie von dort aus auch im Blick bleiben – z.B. durch gelegentliche Kontaktaufnahmen, durch Anschreiben zu Todes-, zu Fest- oder anderen Gedenktagen, durch Einladung zu einer Erinnerungsfeier für alle dem Hospiz bekannten Todesfälle (sei es durch Betreuungen oder durch Trauerspendenaufrufe usw.).

Beispiel einer angeleiteten Trauergruppe[34]

Spielregeln in der Gruppe

Die Teilnahme an allen fünf Nachmittagen ist Bedingung.

Die Teilnehmenden können selbst entscheiden, ob ihnen die Teilnahme aus der persönlichen Situation zu belastend ist und sie daher nach Mitteilung an die Leitung aus der Gruppe ausscheiden.

Die Gruppe wird von zwei Leitenden (am besten eine Frau, ein Mann) begleitet. Sie wechseln sich in der Moderation der Schwerpunkte der einzelnen Treffen ab.

Ort und Zeit der Gruppe

Als Ort ist ein ästhetisch einladender Raum zu wählen.

Die Gruppe sitzt im Kreis.

Die Gruppe soll nicht mehr als zehn Teilnehmende haben.

Bewußt ist der Sommer gewählt worden – entgegen der klassischen Zuordnung eines solchen Themenkreises zu Herbst und Winter.

---

[34] Trauergesprächsreihe des Hospiz in Frechen e.V.; Erstveröffentlichung in: Pastoralblatt für die Diözesen Aachen, Berlin, Essen, Hamburg Hildesheim, Köln, Osnabrück 1/97, S.5 ff: Michael Spohr, Matthias Schnegg: Trauernde in Gemeinde und Hospiz.

Der Nachmittag ist bestimmt worden als eine Zeit mitten im Lebensalltag.

Die Begrenzung auf fünf Treffen hebt den Charakter einer Hilfestellung unter bestimmten Gesichtspunkten hervor und bietet die Chance weiterer Kontaktaufnahme einzelner Gruppenmitglieder außerhalb der Gruppentreffen. Der begrenzte Zeitraum wird als hilfreich von den Teilnehmenden angenommen – ebenso ein nach vier Monaten anberaumtes Nachfolgetreffen.

Leitungserleben in der Reflexion der Leitenden.
Für die Leitenden ist die Begleitung dieser Gruppe eine gute Erfahrung, vor allem im spontanen Einlassen auf das, was für die Teilnehmenden je einzeln und im Verbund der Gruppe anstand. Das Tempo der Entwicklung wird wie von selbst durch die Teilnehmenden bestimmt.

Bemerkenswert ist das schnell gewonnene Vertrauen der Gruppe zueinander, das Aushalten verschiedener Trauerstandpunkte, verschiedener Erfahrungen, das teilweise auch energische Anfragen unterschiedlicher Trauererfahrungen. Spürbar ist mit den wachsenden Treffen die Kompetenz der Gruppe füreinander.

Die Gruppe dankte den Leitenden teils nach jedem Treffen für die Zeit, die ihnen für ihr Trauererleben gewidmet wird.

Die Themen, Zielsetzungen und Methodenschwerpunkte der Gruppentreffen[35]
1. Thema: Wenn ich an sein/ihr Sterben denke ...

Vom Erleben des Sterbens und Todes des geliebten Menschen

Ziel: 1. Die Teilnehmenden (TN) stellen sich und den Grund ihrer Trauer in der Gruppe vor.

---

[35] Ebenda S. 9 ff.

2. Die TN haben Raum, ihr Trauererleben auszusprechen. Die Gruppe gewinnt Zutrauen im Kennenlernen der Trauersituation der einzelnen.

Methode: Gesprächsrunde unter Leitung

2. Thema: Das hätte ich noch sagen wollen ...

Meine Beziehung zur/zum Verstorbenen

Ziele: 1. Die Gruppe hat zunächst Gelegenheit, die Erfahrungen aus und nach dem ersten Treffen einander mitzuteilen.

2. Den TN wird die Möglichkeit gegeben, in der Realität des Sterbens vielleicht sehr schmerzlich erlebte Sprachlosigkeit jetzt nachholend lösen zu können. Sie können den nicht ausgesprochenen Satz sagen.

Methoden: Bunte Tücher (als Symbol für den wichtigen Satz); begleitende Interviews durch einen Leitenden.

3. Thema: Wie oft willst du das noch erzählen ...?

Die Reaktion der anderen auf meine Trauer

Ziele: 1. Austausch an Erfahrungen aus dem vergangenen Gruppentreffen.

2. Hilfe zum Nacherleben, wo die Trauernden sich angenommen, wo in ihrer Trauer unverstanden, verlassen oder/und verletzt erleben bzw. erlebt haben.

Methoden: Bunte Tücher Zwei Hocker, wobei einer mit einem schwarzen Tuch bedeckt ist als Symbol für den Verstorbenen; begleitende Interviews (nach psychodramatischer Methode).

4. Thema: In meinen Träumen sprichst du nicht mehr mit mir ...

Meine jetzige Verbindung zur/zum Verstorbenen

Ziele: 1. Die TN fühlen ihrer Verbindung zur/zum Verstorbenen nach, können ein Gespür für die erlebte Distanz und Nähe ausloten.

2. Die TN können eine Veränderung dieses Verbindungsgefühls spielerisch ausprobieren. Das Wagnis zur Erlaubnis, die Verbindungen anders, neu zu gestalten.

Methoden: Bunte Tücher; ein Hocker, der mit einem schwarzen Tuch bedeckt ist; begleitende Interviews und psychodramatische Sequenzen, die aber nicht unbedingt nötig sind, um diese Einheit sinnvoll ausführen zu können.

5. *Thema: Wie kann ich ohne sie/ihn weiterleben?*
Schritte durch die Trauer ins Leben

Ziele: 1. Eine Standortbestimmung der Trauer, wie die Trauer jetzt erlebt wird, wie weit sich Veränderungen in der Annahme oder im Ausleben ihrer Trauer seit Gesprächsreihenbeginn ergeben haben.

2. Kennenlernen von Wegen, die Trauer zu leben.

3. Ermutigung, die möglichen Hilfen von außen zu nutzen.

4. Reflexion über die Gesprächsreihe und Vereinbarung eines späteren einmaligen Folgetreffens nach vier Monaten.

Methoden: Bunte Tücher; ein Hocker, mit einem schwarzen Tuch bedeckt;

Seilchen, mit denen verschiedene Arten des Trauerweges anschaulich gelegt werden können.

Rückmeldung zur Trauergesprächsreihe:

Bei der Schlußreflexion wird ausdrücklich thematisiert, wie schwer es teilweise ist, mit nächsten Angehörigen über die eigene Trauer zu sprechen. Teils ist das erste Weinen der Trauer in dieser Gruppe ermöglicht. Das Erfahren und Mittragen der je eigenen Schicksale wirkt – meist positiv – auf die Art des eigenen Trauererlebens.

Die Teilnehmenden sind sehr erfreut über das Angebot der Leitung, zu einem Nachtreffen im November (nach vier Monaten) eingeladen zu werden.

Wünsche von Trauernden an Seelsorgende

Seelsorgende kommen sehr intensiv mit Trauernden in Kontakt.

Die Art der Begegnung der Seelsorger mit den Trauernden ist Weghilfe oder Hindernis für den Trauerweg. Die

Trauernden sind die seelisch belasteteren, die „schwächeren" Anteile dieser Begegnung. Sie dürfen von den Seelsorgern einen einfühlsamen Umgang erwarten. Jeder Trauernde weiß, daß die Seelsorger nicht wie sie vom Trauerfall besetzt sein werden, wissen, daß sie nach der Beerdigung etwa ihrem Alltag wieder nachgehen werden. Trotzdem haben sie eine berechtigte Erwartung, daß ihnen bei aller Professionalität des Umgangs mit Beerdigungen das Gefühl einzigartiger Beachtung und Begleitung für die Zeit des Zusammenseins vermittelt wird. Das gilt für den Kondolenzbesuch ebenso wie für die Zeremonie der Beerdigung. Leider ist es nicht selbstverständlich, daß die beerdigenden Seelsorgenden persönlichen Kontakt – das ist mehr als ein Telefonat! – zu den Angehörigen suchen. Bei solchen Besuchen vor der Beerdigung zählt nicht die Dauer des Gesprächs, sondern das echte Einlassen auf die Trauernden. Beerdigungsgottesdienste sind für die Angehörigen wesentliche, sehr belastende Momente der Verabschiedung und Trauer. Von Seelsorgenden dürfen sie erwarten, daß der Beerdigungsgottesdienst in für die Trauernden einfühlsamer Weise geschieht. Es ist kaum jemandem in diesem Augenblick der Trauer zuzumuten, in der Dunkelheit des grabnahen Abschiednehmens mit felsenfester Stimme unerschütterliche Ostergewißheit zu singen: Jesus, dir jauchzt alles zu. Die Seelsorgenden müssen sich da nur selbst in Ehrlichkeit fragen, ob sie im Abschiedsschmerz schon zu solchem Osterjubel fähig wären. Es liegt eine große, stille Weisheit in der Feier des Sterbens und der Auferstehung Jesu, in der es da einen Tag der Stille gibt, ein Schweigen, das dem Schmerz der Trauer Raum gibt. Ohne dieses Austragen der Trauer wird die Wucht und Befreiung der Auferstehung von der Seele nicht begriffen werden. Am Grab keine Osterlieder zu singen, ist keine Verleugnung der Osterwirklichkeit. Nach nötigem Trauerweg wird sich die österliche, vertrauende Melodie wie von selbst im Herzen der Menschen formen, wenn sie in der Lage sind, den Trost dieser Botschaft ganz oder nur sehnsuchtsvoll-ahnend aufzunehmen.

Da, wo Angehörige um eine „Auferstehungsfeier" für ihre Toten bitten, soll dem Rechnung getragen werden; aber auch hier – so lehrt die Erfahrung – ist es gut, nicht mit Wucht der Ostergewißheit über die Trauer der Zurückgebliebenen hinwegzufegen. Hinter dem Wunsch nach einer Auferstehungsfeier steht auch die Unfaßbarkeit, den Tod an- und hinnehmen zu müssen.

Seelsorgende sind gewünscht, die um die Verletzbarkeit Trauernder, um deren Schuldgefühle, deren Mechanismen des Schutzes vor Verletzungen ihrer wunden Trauerseele wissen. Die gekränkte Eitelkeit einer Kirche, die sonst im Leben der Betroffenen nicht in Anspruch genommen wird, darf sich auf keinen Fall an den Trauernden abreagieren. Es gibt hierzu leider immer noch erschreckende Erfahrungen, wo Trauergottesdienste mißbraucht werden, um den unausweichbar anwesenden „Abständigen" die Leviten zu lesen. Wir dürfen gewiß sein, daß solche negativen Erfahrungen ebenso wie berührend positives Erleben das Bild von Kirche und Glauben in Trauernden nachhaltig beeinflussen wird.

Die Kirchen leiden unter einem Mangel an Seelsorgenden. Speziell in der katholischen Kirche hat der Priestermangel zu einschneidenden Umorganisierungen geführt. Ein Priester ist für mehrere Gemeinden zuständig; Laienseelsorgende als zur Durchführung von Beerdigungen Berechtigte werden teils zögernd von den zuständigen Bischöfen beauftragt, brauchen vielerorts auch noch eine größere Akzeptanz durch die Gläubigen. Innerkirchliche Umstrukturierungen dürfen nicht auf dem Rücken der Trauernden ausgetragen werden. Für alle Beteiligten unwürdige Streitereien entwickeln sich, wenn es z.B. darum geht, ob eine Eucharistiefeier in Verbindung mit der Beerdigung möglich ist; unwürdig, wenn Pfarrer urteilen, wer eine Eucharistiefeier „verdient" hat und wer wegen mangelnder Kirchenverbundenheit „nur" mit einer Beerdigungsfeier vorlieb nehmen muß.[36]

Trauernde wünschen sich auch, daß ein Seelsorger die gesamte Beerdigungszeremonie hält. Der Seelsorger hat die Aufgabe und Chance, für diese Zeit wirklich der Bei-Stand für die Trauernden zu sein. Ein gutes Zeichen dafür ist es auch, daß der Seelsorgende als letzter das Grab verläßt (nicht als erster nach vollzogener Handlung sich „durch die Büsche schlägt").

Es mag äußerlich und unbedeutend scheinen, ist es aber im Erleben der Trauernden nicht: angemessene Kleidung des Seelsorgers und der liturgischen Mitarbeiter (Küster, Organist). Kleidung ist eine Art des Respektes vor den Trauernden.

Im Sinne nachgehender Trauerbegleitung ist es gut, die Trauernden nicht aus dem Blick zu verlieren. Jeder weiß, daß der Seelsorger nicht nur einzig dem Trauernden nachgehen kann. Trotzdem gibt es wirksame, wenig aufwendige Zeichen, die den Trauernden Hilfe und Stütze sind: ein Anruf um die Sechswochenamtszeit, ein Brief zu Weihnachten, ein Ansprechen, wenn man sich auf der Straße trifft – alles Erfahrungen des seelsorgenden Bei-Standes.

Auch Pfarrbüros/Gemeindeämter sind Orte, an denen Trauernde viel Hilfe erfahren, wenn die dort Tätigen für sie Zeit haben, ihnen zuhören können, dem Trauernden zeigen, daß ein Erzählen über den Toten und die belastende Trauer möglich ist. Trauernde müssen sich hier verstanden

---

[36] Es ist sicher sehr sinnvoll, über Formen der Beerdigung mit Angehörigen, die sich für eine Kirchenferne entschieden haben, nachzudenken; das streitende Austragen im Zusammenhang eines Trauerfalles aber ist der denkbar ungünstigste Anlaß, dieser Frage nachzugehen, die letztlich auch nur Teil der Frage ist, wie die Kirche wirken soll, um die Menschen zu erreichen.

wissen in der quälenden Erfahrung, daß die Trauer erst einmal nicht verklingt, sondern intensiver wird.

Die Pfarrbüroangestellten können diese Trauerumgangskultur in eigener Fortbildung erlernen. Besonders sensibilisiert werden können sie, wenn sie an den Seelsorgenden von deren achtsamem Umgang mit Trauer und Trauernden alltäglich erleben.

In der Ausbildung der Seelsorgenden wird meist nicht angemssen auf diese Aufgabe (eine der bleibendsten Aufgaben der Priesterseelsorge!) vorbereitet[37].

Es gibt so etwas wie die Ausstrahlung einer Gemeinde, die auch Trauernde ermutigt, sich mit ihrem Leben dort verstanden zu fühlen. Aufgabe der Seelsorgenden ist es, Bewegungen der Seele grundsätzlich Raum zu geben. Dies macht sich weniger in Aktivitäten spürbar, sondern eher in der Art, wie die Gemeindemitglieder und ihre Seelsorgenden mit Dingen der Seele umgehen, die achtvoll darum wissen, daß die Seele vielerlei Schattierungen hat und behutsame Pflege braucht. Die Seele widerspricht der Grobheit, die alles geregelt und in einer Ordnung kontrollierbar und bewertbar hält. Trauernde spüren instinktiv, wo sie sich mit ihrer Seelenlage angenommen und gelassen fühlen dürfen. Für die Seelsorge und Christusnachfolge einer Gemeinde ist es ein Ehrenzeichen, wenn Trauernde sich in ihrer Mitte zugehörig fühlen können.

Die Seelsorge um die Trauernden ist keine Mehrbelastung („Was sollen wir denn sonst noch alles tun?!"), sondern eine Ausstrahlung von Lebensachtung und Einladung zum Glaubensuchen, die weit mehr bewirkt, als bei Trauernden „gut angekommen" zu sein.

---

[37] Vgl. Curriculum zur Befähigung Seelsorgender in der Sterbe- und Trauerbegleitung (Fachspezifischer Aufbaukurs). Hrsg. ALPHA Rheinland Bonn 1997 (s. Anhang).

WANDEL

Verdorrte Blätter zeigen
uns was der Tod vermag.
Wir kleiden uns in Schweigen
und düstern mit dem Tag.
Es kreisen schon die Krähen
um alles was verfällt.
Der Herr läßt es geschehen,
daß nichts zusammenhält.
Und ist es dann geboten,
daß endet was begann,
so flehen wir die Toten
um neuen Wandel an.[38]

[38] Rose Ausländer: Wandel. In: Die Erde war ein atlasweißes Feld, Gedichte 1927–1956, Frankfurt 1985.

Glossar

Hospiz(idee) steht für ein bestimmtes Konzept einer gleichberechtigten medizinischen, pflegerischen, psycho-sozialen und spirituellen Fürsorge für Sterbende und ihre (trauernden) Angehörigen.

Hospizbewegung will dieses Konzept durch menschliche Nähe, schmerztherapeutische Behandlung sowie eine partnerschaftliche fach- und institutionenübergreifende Zusammenarbeit aller in der Sterbebegleitung Tätigen erreichen. Sie setzt das Konzept in ambulanten Hospizdiensten, stationären Hospizen, Palliativstationen in Krankenhäusern und teilstationären Tageshospizen um.

Trauerphasen (Phasenmodell). In der Literatur zu diesem Thema wird der Trauerablauf häufig in drei bis sechs Phasen aufgeteilt, die ihre eigene Dynamik haben. Die Phasen dienen der näheren Beschreibung des Trauerverlaufs; ihnen sind bestimmte Traueraufgaben zugeordnet.

Trauerspirale. Die Kenntnis der Inhalte und Formen von Trauerphasen kann zu dem Mißverständnis führen, daß diese Phasen einander zwingend ablösen und ein „ordnungsgemäßes" Durchlaufen dieser Zustände zum Ziel der „Trauerüberwindung" führen könnte. Hilfreicher und dem Erleben Trauernder angemessener ist das Bild einer Spirale, in dem die Vor- und Rückwärtsbewegungen der Trauer

185

ohne Bewertung und ohne Forderung von Weiterentwicklung ablaufen dürfen.

Supervision ist eine spezielle Beratungsform für Fragen, Probleme oder Konflikte in der beruflichen Praxis. Sie verläuft prozeßhaft über einen längeren Zeitraum und beinhaltet – in Einzel- oder Gruppenarbeit – ein systematisches Nachdenken über berufliches Handeln, berufliche Rollen, Zusammenarbeit von Menschen und institutionelle Aufträge und Strukturen. Ziele des Supervisionsprozesses sind die Förderung der Wahrnehmungsfähigkeit, die Erweiterung beruflicher Handlungsmöglichkeit und die befriedigende Gestaltung von Arbeitsbeziehungen.

Ressourcen sind die körperlichen, seelischen und geistigen Kraftquellen, die ein Mensch zur Bewältigung von Problem- und Krisensituationen zur Verfügung hat oder sich erwerben kann.

Psychodrama, Methoden des ... eine von Jakob Levi Moreno Anfang dieses Jahrhunderts begründete erlebnisaktivierende Therapieform. Im Spiel (Drama/Dramatisierung) können psychisch bedeutsame Zusammenhänge des Lebens erfahren und gestaltet werden.

Literaturhinweise

Wolfgang Heinemann/Victor Gisbertz/Rainer Hintzen/ Ulrich Lilie / Elisabeth Rudnick / Paul Timmermanns: *Fachspezifischer Aufbaukurs Seelsorge in der Sterbebegleitung*, Schriftenreihe ALPHA Rheinland, Bonn 1997

Verena Kast: *Trauern. Phasen und Chancen des psychischen Prozesses.* Stuttgart 1982 (8. Aufl. 1987)

Hilda-Maria Lander/Maria-Regina Zohner: *Trauer und Abschied. Ritual und Tanz für die Arbeit mit Gruppen.* Mainz 1992

Michael Schibilsky: *Trauerwege. Beratung für helfende Berufe.* Düsseldorf

Yorick Spiegel: *Der Prozeß des Trauerns. Analyse und Beratung.* München 1973 (2. Aufl.)

Susan Varley: *Leb Wohl, lieber Dachs.* Heidelberg 1984

J. William Worden: *Beratung und Therapie in Trauerfällen.* Bern 1987

Adressen

Bei folgenden Adressen können Sie Auskunft erhalten, wo Sie in Ihrer Nähe Trauerbegleitung erhalten können oder es Fortbildungsangebote zu diesem Themenbereich gibt:

Ansprechstellen im Land NRW zur Pflege Sterbender, Hospizarbeit und Angehörigenbegleitung: ALPHA Rheinland, von Hompesch Str. 8, 53123 Bonn; ALPHA Westfalen, Salzburgweg 1, 48145 Münster

Bundesarbeitsgemeinschaft Hospiz (und die ihr angeschlossenen Landesarbeitsgemeinschaften), Steinweg 54, 06110 Halle/Saale

Deutsche Arbeitsgemeinschaft für Jugend- und Eheberatung e. V., Neumarkter Str. 84c, 81673 München

EKFuL. Evangelische Konferenz für Familien- und Lebensberatung, Kurfürstenstr. 49, 12105 Berlin

IGSL. Internationale Gesellschaft für Sterbebegleitung und Lebensbeistand e. V., Im Rheinblick 16, 55411 Bingen

Katholische Bundesarbeitsgemeinschaft für Beratung e. V., Kaiserstr. 163, 53113 Bonn

Kontakt- und Informationsstelle Verwaiste Eltern in Deutschland, Esplanade 15, 20354 Hamburg

Malteser-Werke Köln, Kalker Hauptstr. 22–24, 51103 Köln

OMEGA. Mit dem Sterben leben e. V., Postfach 1407, 34334 Hann. Münden

Tabu e. V. und Akademie für menschliche Begleitung, Goldammerweg 9, 43000 Essen

Trauerwege. Beratung und Begleitung für Menschen in Verlust- und Krisensituationen e.V., Greifenklaustr. 15, 55116 Mainz

Trau-Dich Reisen, Johann-Bunte-Str. 73, 26871 Papenburg

Bücher, die begleiten

Leonard Felder
Da sein, wenn wir gebraucht werden
Hilfen für Schwerkranke und ihre Angehörigen
Band 4541
„… ein wundervolles Buch: durchdacht, fundiert, umfassend" (Elisabeth Kübler-Ross). Mit aktuellen Tips und Adressen.

Elisabeth Albrecht/Christel Orth/Heida Schmidt
Hospizpraxis
Ein Leitfaden für Menschen, die Sterbenden helfen wollen
Band 4399
Leben bis zuletzt: Wie man Tod und Sterben aus der sozialen Isolierung befreien und Sterbende auf ihrem Weg begleiten kann, informiert das erfahrene Team der Deutschen Hospizbewegung.

Verena Kast
Sich einlassen und loslassen
Neue Lebensmöglichkeiten bei Trauer und Trennung
Band 4261
Den Blick nach vorn richten, eine neue Lebens-Leidenschaft entwickeln: Das sind Chancen, die das Leben auch im Loslassen reicher machen.

Enna Pertim
Abschied heißt nicht Ende
Frauen erzählen über den Tod ihres Partners und ihr Leben nach dem Verlust
Band 4593
Neben aller Erschütterung können Frauen im Aushalten der Trauer auf ganz neue Weise ihren Mut und ihre Kraft entdecken.

Mechthild Voss-Eiser
„Noch einmal sprechen von der Wärme des Lebens…"
Texte aus der Erfahrung von Trauernden
Band 4559
Starke Texte wider das Vertrösten und Verdrängen, die Trauernden aus der Seele sprechen.

HERDER / SPEKTRUM

Lis Bickel/Daniela Tausch-Flammer
**Wenn ein Mensch gestorben ist –
wie gehen wir mit dem Toten um?**
Anregungen und Hilfen
224 Seiten, Klappenbroschur,
ISBN 3-451-23693-1
Die Autorinnen möchten nicht den Finger auf eine Wunde legen, sondern
helfen, sie zu schließen.

Anne Hosansky
Wege durch das Land der Trauer
ca. 224 Seiten, Klappenbroschur
Eine Frau findet nach dem Tod ihres Mannes neue
Lebensmöglichkeiten
ISBN 3-451-23955-8
Den Schmerz der Trauer verwandeln: Ehrlich – einfühlsam – ermutigend.

Michael Kearney
Schritte in ein ungewisses Land
Seelischer Schmerz, Tod und Heilung – Geschichten und
Erfahrungen
Vorwort von Cicely Saunders
192 Seiten, Klappenbroschur
ISBN 3-451-26293-2
Wie Leben Tiefe gewinnt und Angst geheilt wird.

Ruth Eder
Ich spür noch immer ihre Hand
Wie Frauen den Tod ihrer Mutter bewältigen
Band 4447
Erwachsene Töchter erzählen von Sehnsüchten, vom Ringen um Liebe und
vom warmen Kontakt: offen, schmerzlich und bewegend.

Stephen Levine
Sich öffnen ins Leben
Begegnungen und Gespräche mit Schwerkranken, Sterbenden
und Trauernden. Wie wir behutsam begleiten können.
256 Seiten, Klappenbroschur
ISBN 3-451-26134-0

HERDER